Hayykitap - 1002
Edebiyat - 226

Henüz Her Şey Bitmedi
Zeus Kabadayı

Hayykitap Genel Yayın Yönetmeni: Rauf Baysal
Katkıda Bulunanlar: Nurbanu Akay
Kapak Tasarım: Turgut Kasay

ISBN: 978-625-8222-23-4
1. Baskı: İstanbul, Haziran 2023
2. Baskı: İstanbul, Şubat 2025

Baskı: Yıkılmazlar Basım Yay.
Prom. ve Kağıt San. Tic. Ltd. Şti.
15 Temmuz Mah. Gülbahar Cad. No: 62/B
Güneşli - İstanbul
Sertifika No: 45464
Tel: 0212 630 64 73

Hayykitap
Anadolu Hisarı Mah. Sine Sk. No: 45/1
Beykoz 34810 İstanbul
Tel: 0212 352 00 50 Faks: 0212 352 00 51
info@hayykitap.com
www.hayykitap.com
facebook.com/hayykitap
twitter.com/hayykitap
instagram.com/hayykitap
Sertifika No: 12408

Henüz Her Şey Bitmedi

Zeus Kabadayı

Senin ardından,
kendi kendini onarmış

bir kalbe

bir daha asla
giremezsin.

Yutkunamadım

Kendini yalnız, kalbi kırılmış ve biraz da buruk hissediyorsan merak etme, ben de öyle hissediyorum. Bir yanım kalk dese de bir yanım otur yüzleş diyor.
Peki kiminle?

Kendimle mi yoksa onun beni terk edişiyle mi?

Çok uzatmaya gerek yok derken inceldiğim yerden kopmuş gibiyim....

Her şey üstüme üstüme gelirken şu ufacık dünyada, o nasıl gidebiliyor diyorum.
Dedikçe cevaplarımı sıfırla çarpıp kendimi ayna karşısında buluyorum.
Kendini görmek ve anlamak ne kadar zor olsa da, sonunda anlıyorsun sende kocaman bir sıfır olduğunu.

Zaten her şeyi alıp bana, sana, sıfır olan her şeyle çarpmadı mı?

Kalmadın mı yarı yolda hiç?
Hiç şoförü olmayan bir otobüse bindiniz mi?

Ben bindim. Ayrılık otobüsü diyorlar adına, koltuklar çiftli ama herkes tek tek oturuyor.
Ben kendimi kaybettim zannediyordum, meğer hiç tanışmamışım bile...

Şimdi sen de diyorsundur keşke yanımda olsa diye. Öylece hiç konuşmadan dursak ama yeter ki yanımda olsa diye.

Ama kimse nasılsın diye bile sormuyor. Aşık oldun, özür dilerim demiyor. Gelip kendini sevdirip, arkasından iki damla yaş akıtmanı istiyorlar.
Farkında değiller.
İki damla yaş dedikleri şeyde biz boğulduk, kimse de elini uzatıp iyi misin demedi.
Ulan bari can simidi atsaydınız diyeceğim de martı değilim ki her istediğinizde geleyim.

Ne kadar sevgi verirseniz ondan besleniyorum diyemiyorum, ben diyemedim yani.

Diyemediklerimin hepsi içimde kaldı. Ya içim dışıma çıkarsa, ya çok küfür edersem diye çok tuttum kendimi. Çünkü onların sevgi adı altında besledikleri şey sevgi değil nefretti...
Nefretimi kimseye göstermek istemem. Şayet bir gün gösterirsem, son bir mektup yazarım ona ve derim ki;

Seni tanımak güzeldi, ama sen değilsin...

Sevgisiz
insanların
dünyasında

inadına
sevmek

diye bir
direnişim var.

Ona Sevdiğini Söyle

Eğer onu çok seviyorum ama söyleyemiyorum diyorsan, merak etme bir çoğumuz seni seviyorum diyemiyoruz. Ama kalkıp birbirimize hakaret etmeyi iyi biliriz değil mi? O sevgiler, aşklar bittiğinde yaşananları bir kalemde çok kolay sileriz, kendimizi inkâr ederiz bir çırpıda.

Bitip de yarım kalınca, kalıp da bir kalbin içinde tıkılınca anlarız neleri kaybettiğimizi.

Ama bu sefer biz kazanalım diyorum ben.

Her savaştan yenilmiş olarak da çıksan, kazanacağın bir fırsat var elinde, o da sevmek, her şeye rağmen sevmekten vazgeçmemek.

Sende kalacağına onda kalsın arkadaş, çünkü bu sefer sen suçlu ya da suçsuz taraf değilsin.

İnsanların seni eleştireceği bir şey yok. Ayıp değil, günah değil. Ne bu dersen, bu birinin güzel olduğunu söylemenin, doğru insan olduğunu anlatmanın, merhametinin olduğunu belirtmenin en güzel ve nazik hali.

Seni seviyorum...

Ne güçlü bir cümle ama...

Karşındaki sevgiye dair nokta kadar bile bir şey biliyorsa bunu anlar diye düşünüyorum. Çünkü sen onu sevdiysen, yani demem o ki bir insan birini havadan sevmez, önce bakar gerçekten insan mı diye. Sonra bakışlarına bakar. Sonra davranışlarına, sonra da kalbine... Eğer her şey tamamsa senin için, onu sevdin demektir. Ve ona seni seviyorum demek, "Sende aradığım şeylerin hepsi var, bunu ben sende gördüm ki seni sevdim, sen benim için muhteşemsin" demektir. Sen kalbi kötü olan, merhameti olmayan birini sever miydin?
Bence sevmezdin. Ben de bundan bahsediyorum işte...

Ona ne yaparsan yap ama sevdiğini söyle. Hem seni sevmezse de sevmesin, bu duygu sende kalacağına bırak onda kalsın...

Bu zamana kadar neler kalmadı ki zaten bizde. Aldatılmak, yalanlar, sahte dostlar, arkadaşlar. Hepsi bir rüzgâra kapılıp elimizden, kalbimizden, dünyamızdan uçup gittiler.

Yalnızlık denilen gömleği en çok biz yakıştırdık kendimize.
Her ne kadar bir terzi olmasak da kendi söküğümüzü dikip yolumuza devam ettik. Bazen de sadece susup oturduk etrafımızda herkes eğlenirken, kadehimizi kaldırıp mutluluklar diledik. Ama hiçbir zaman başımızı öne eğmedik.

Ama şu var, kimseye de kafa kaldırmadık. Yapamayacağımızdan değil, bize öyle yakıştığından.
Kim nereye gitmek isterse gitti, kim kalmak istiyorsa kaldı. Kimseye ne hoşça kal ne de hoş geldin dedik. Diyemediğimizden değil, demek istemediğimizden.

Herkes bir şekilde yarım kalır, yarım kalınca diğer yarısını arar insan. Sen sen ol yarını bulunca tam olmaktan vazgeçme, hayat ip üzerinde yürümek gibi çünkü, her an kopabilir. Ona hiçbir şey demesen bile seni seviyorum de çünkü o bunu hak ediyor. Onu tüm yüreğinle sevdiysen hak ediyor.

Eğer söyleyemiyorsan, sen bu sayfayı paylaş ben ona söyleyeyim:

SENİ SEVİYORUM
HEP SEVDİM
HER ZAMAN DA SEVECEĞİM.
SEN BENİ SEVMESEN DE OLUR, ÖNEMLİ OLAN ZATEN BENİM SENİ SEVMEM.
SEN OLMADAN DA SENİ SEVERİM, BENİ SENSİZLİKLE KORKUTAMAZSIN.
ÇÜNKÜ BEN ONA DA AŞIĞIM...
OLMAYIŞINA DA...
OLMASIN MI? OLMASIN.
CANIN SAĞOLSUN SEVGİLİM.
BENİ SEV YA DA SEVME, FARK ETMEZ.
BEN SENİ HER ZAMAN SEVECEĞİM.

Pes etmedim, yoruldum.
Yenilmedim, vazgeçtim.

Herkese Güvenme

Herkese güvenemiyorum artık, etrafımda kimse kalmadı diyorsan merak etme, büyüyorsun.

Büyüdükçe yalnızlaşır insan.

Arkasına bakmadan gider, baktıkça da anlar gerçekleri.

Çünkü bu zamana kadar gerek arkadaş, gerek dost, gerek sevgili hepsinin menfaat peşinde olduğunu görür.

Söylesene, sen de görmedin mi? Görüp de görmezden gelmedin mi? Sırf onu sevdiğin için yalan da söylese inanmış gibi yapmadın mı? Yaptın, hem de defalarca...

Ben de kendime çok sordum neden insanlar neden bu kadar siyah diye. Beyaz olmak çok mu zor derken insan daha da katrana bulanıyor onlarla beraber. Hem deniz bulanıyor hem gözlerin. Göremez oluyorsun.

Zaten başımıza ne geldiyse bu sevmekten, aşık olmaktan, fazlasıyla değer vermekten geldi. Ne yapalım? Sevmeyelim de taş gibi mi yaşayalım diyorsan, sen de haklısın...

Ama bazen taş olmak gerekir. Aynı yosun tutmuş. Bir taş gibi... Sevdiğimiz insanlar taşı yosun gibi sarıyorlar sonra da denizden çıkarıp bir kumsala atıyorlar. Seni kendinden alıp, sonra da sev diyorlar. Benim yosunum falan kalmadı arkadaş, benden artık sevgi falan beklemeyin diyorum içimden.

İçimden dedikçe dışıma sinirleniyorum. Çünkü sen de ben de ne kadar içimizden konuşsak da biliyoruz, dışımız her zaman gülecek. Çünkü ne yaparsak yapalım her zaman güçlü durmak zorundayız. Etrafımda ben üzgün olunca, suratım asık olunca sevinen insanlar çok, hem de o kadar çok ki...

Gerçi kime anlatıyorum, aynı duyguları aynı hisleri sen de yaşamıyor musun? O yüzden ne kadar içimizden konuşsak da her zaman gülüyoruz. Ben ne zaman birine güvenmeye başlayacağım, hiç şüphe etmeden bağlanacağım dersen, herkesi affettiğin zaman güvenmeye başlayacaksın. Çünkü görmezden gelmeye başlayacaksın artık. O beni aldatmış mı? Bana ne diyeceksin. O yalan mı söylemiş? Söylesin, bana değil kendine söylüyor diyeceksin. O terk mi etmiş? Gitsin, yolu bahtı açık olsun diyeceksin.

Bunları her dediğinde daha da güçlenecek, her güçlendiğinde daha da güvenmeyeceksin gerçekte. Aslında güvenmeyerek insanlara güveneceksin. Herkese duvarların olacak, yıkamayacaklar o duvarları. Çünkü sana kafa tutmaya cesaret edemeyecekler.

Hani ilk başta o gider diye korkuyordun ya? Artık onlar korkacaklar ya benden giderse diye. Ve sonunda sen gideceksin, hem de ilk yanlışlarında, gözlerinin yaşına bakmadan gideceksin...

Bazen gitmek onlar için bir hediye gibi görünse de gideceksin. Başlarda onlara hediye gibi gelen şeyler sonra en büyük yoklukları olacak.

Arayacaklar ama bulamayacaklar.

Neden biliyor musun?

Çünkü sen sevmeyi biliyorsun.
Çünkü sen aidiyeti biliyorsun.
Çünkü sen sadık olmayı biliyorsun.
Çünkü sen acıyı biliyorsun.

Bildiklerin sana yetecek. Ve bir süre sonra sadece sen kalacaksın. Önemli olan yalnız da mutlu olabilmek. Şimdi soruyo-

rum sana, sen mi yalnızlıktan korkacaksın yoksa onlar mı?
Senin korkacak hiçbir şeyin yok artık.

Bu zamana kadar sana kim ne yaptıysa sadece affet ve yoluna
devam et, arkana dahi bakma.

Arkada hiçbir şey yok, sen ileriye bak. İleri doğru yürü.

Ben seni orada bekliyor olacağım.

Giderek kalabalıklaşan
bir karanlıkta

yalnızlığıma yoldaşım.

Yalnız kalmak

Yalnız kalmanın ne kadar ağır olduğunun farkındaysan merak etme hepimiz çok yalnızız.

Kalabalıkların en büyük yalnızları olarak ödül hepimize verebilirler, her birimiz birinci gelip alkışlayabiliriz birbirimizi. Hayat ne kadar kalabalık olsa da tutamıyoruz içimizdeki o şüpheleri, öfkeleri ve daha birçok şeyi.

Saatler yelkovanı kovalarken zaman akıp gidiyor. Birimiz de iyi ya da birlikte olmayı düşünmüyoruz.

Keşke elimizde bir imkân olsa da barış içinde yaşasak. Kimse arkadan vurmasa, herkes iyi düşünse. Olabilir mi böyle gerçekten? Hemen her filmin sonunda olduğu gibi, mutlu sonla biter mi her şey?

Tutabilir miyiz kendimizi sımsıkı ellerimizden, başkalarına olduğu kadar kendimize de sarılabilir miyiz? Neden soruyorum biliyor musun? Çünkü biz daha kendimizle bile barışık değiliz. Herkes bir şeylerin derdinde. Kimi boyunu takmış kafasına, kimi kilosunu, kimi parasını, kimi karşılıksız kalan aşkını...

Daha kendimizi bile sevmeden başkasını nasıl sevebiliriz diye düşünmeden duramıyorum.

Sence de öyle değil mi?

Doğru cevap hepsi galiba. Hepsini düşünmekten kendimizi unuttuğumuz bir dünyada barış istemek çok masumca geliyor bana. Peki gerçekten o kadar masum muyuz? Mesela biten ilişkilerimizde her zaman haklı biz miyiz? Hiç mi suçumuz yok bizim? Gidene de bir sormak lazım değil mi neden git-

17

tin diye? İnsan yüzünü başkalarına çevirmeden önce kendiyle yüzleşmeli. Kafamıza taktığımız her şeyi ilk önce kendimizde bulmalıyız; suçluysak düzeltmeli eğer bir yardıma ihtiyacımız varsa da buna olanak sağlamalı, gerekirse profesyonel yardım almalıyız. Gerektiğinde destek almak utanılacak değil, aksine seni daha da iyileştirecek bir hamledir. Daha iyi hissetmek, yaşamı daha da coşkuyla kucaklamak senin hakkın. Başkalarının düşünceleri ya da yönlendirmeleriyle hareket etme. Seninle ne yapman gerektiği hakkında çok fazla konuşan, seni sürekli kendi düşüncelerine doğru yönlendirmenin peşinde olan insanların, emin ol çok yalnız, çok üzgün ve hayatı çoğunlukla kayıplarla geçmiş insanlar olduğunu göreceksin. Bırak. Seni seven insan olduğun gibi, ve hepsinden de önemlisi iyi olan yanlarını ön plana çıkararak sevsin, öyle kabul etsin.

Şunu unutma bu dünya da senden daha değerli başka hiç bir şey yok..

İyi düşün iyi olsun derler ya hani?

Bazen gerçekten de öyle yapmak gerekir. İyi düşün. Yalnızlığını bile...

Bazen yalnız kalmak gerekebilir, bu güzel bir ders, değerli bir tecrübedir. Bolca düşünüp bolca kendini geliştirmeni, aksayan yanları bulup tamir etmeni sağlar...

Yalnız kalmak erdemdir.

Yalnız kalmak güçtür.

Yalnızlığa saygı duymak insan olmaktır.

Merak etme gün gelecek, devran dönecek ve seni her şeyinle kabul eden birisi çıkacak karşına. Şimdi üzüldüğün ne ya da kim varsa gülüp geçeceksin hepsine.

Sen güldüğün zaman beraber gülmüş olacağız, merak etme.

Çünkü kimse sana söylemese de ben söyleyeyim.

Sana gülmek çok yakışıyor.

Her zaman gül, sen güldükçe yanında olmayanlar kıskansın.

Bir sahil kenarında, gökyüzünün dinginliğine bırak kendini,

dalga seslerini doldur ruhuna, martılara aç yüreğini.
Kendine sarıl. Kendin ol. Saygı duy kendine ve tüm evrene.
Aşık ol.
İlk kendine, sonra herkese...

Kimseye yetişemesen de kendine geç kalma.

Zamanı Yakala

Ne kadar çok şeyi erteledim diye üzülüyorsan kendi içinde, merak etme biz de tam olarak yakalamış değiliz bir şeyleri. Zaten benim derdim yakalamak değil. Aslında yap, bitir ve gerisini düşünme. Biraz bu düşünceye bağlandım son zamanlarda. Ne yapacaksam yapmalı ve dümdüz hayatıma devam etmeliyim, ötesine kafa yormak ruhumu da yoruyor.

Zaten zaman aksa bile ben su gibi, koşullar ne olursa olsun ona göre şekillenir oldum. Kimler gelip geçiyor hayatımdan, ne olaylar yaşıyorum ama biraz da akışa teslim oldum artık. Karşısında durdukça daha fazla savruluyorum çünkü bir şeylerin. Dün çok üzüldüğüm bir şeye bugün gülüyorum mesela, neden böyle oluyor diye kendimi. yiyip bitirdiğim bir meselenin bir üst modeli geliyor hemen peşimden.

Telefon gibi düşün. X marka telefonun bir modeli sendeyken, yenisi çıkınca ondan bile hemen vazgeçebiliyorsun.

Aşk dediğimiz şey de böyle bence. Zamanında her şey olabilir, birbirinizi çok seviyor olabilirsiniz, güven sorunu olmayabilir, aradığınız kişiyi bulduğunuzu düşünebilirsiniz. Suçlu aramıyorum. Sen veya karşındaki suçluysa orayı terk edip arkamıza bakmadan gidiyoruz ya da gidiyorlar. Sonrası hüzün, sonrası kahır. Anlam veremiyoruz, nasıl gide-

21

bilir diyoruz, canımızı yakıyoruz...

Sonuç?

Sonuç şu, bir yenisi geliyor ve yine şekilleniyoruz. Burada amaç biraz da zamanı yakalamak gibi.

Onda yaptığım hiçbir hatayı başkasında yapmamak gibi. Olduğu yerde bırakıp kaybolmak gibi...

Herkes kendini haklı zannederken ben gerçeği biliyor oluyorum.

Dünya dönüyor biz de etrafında dans ediyoruz. Elbet bir gün perde kapanacak ve el sallayacağız.

O zamana kadar bulduğun kişiyi eğer gerçekten seviyorsan ve o da seni seviyorsa, onun elini bırakmamak, zamanında aldattıysan bile bir daha aldatmamak, yalan söylediysen sonucu ne olursa olsun direkt doğruyu söylemek, eğer ki bitirmek istiyorsak da diğer ilişkinde olduğu gibi zamana bırakmaktansa bunu dürüstçe hemen o an yapmak daha erdemlidir. Kimsenin ahını alacak ve bu şekilde mutlu olabilecek insanlar değiliz, bunu biliyorsun. Küçükken günahı da sevabı da, doğruyu da yanlışı da öğrendik çünkü ailemizden. Bu netlikte yaşıyorum hayatı. Su gibi akıyor, rüzgâr gibi esiyorum artık...

Yine de farklı duygular da gelip çalıyor kapımı.

Yalnız bir ağaç gibiyim sanki, hiç akrabam yok, etrafım çok kalabalık ama ben tekim gibi.

Sanki herkes birbirini tanıyor da ben aralarına yeni katılmışım gibi.

Zamanı yakalayamıyorsam olduğu yerde bırakıyorum ve devam ediyorum çünkü ben kimsenin oyuncağı ya da deneme tahtası değilim. Karşımdaki beni seviyor ve ben de onu seviyorsam asla bırakmıyorum ama karşımdaki ben ne yaparsam yapayım, maddi manevi yanındayken, ne yedi ne içti diye düşünürken, bir kuru günaydını dahi eksik etmeyip ona her an inanırken, o hiç bir şey yapmayıp sadece yanımda duruyorsa uzaklaşıyorum oradan. Bu durum hayatımın her anı için geçerli, gerek okul, gerek iş, gerek arkadaş çevrem, gerek sevgilim, gerek ailem...

Bir defa geldiğim şu dünyada kimse için üzülüp ağlamayacağım, bıraktım artık, herkes kendi bacağından asılsın. Ben kendi dünyamda gayet iyiyim, kendime gayet yetiyorum.

Şayet biri seni artık üzüyorsa, sen de uzaklaş oradan. Hikayende bir sayfayı kapatmış olursun en fazla, ama yeni sayfalara daha da yakınlaşmış olursun.

Ve elbet aradığını bir gün mutlaka bulup, ellerini hiç bırakmadan yoluna devam edersin.

Şimdi sen ne yapmak istiyorsun?
Kendi kendine üzülmeye devam mı edeceksin? Yoksa kendini toplayıp zamana mı yetişeceksin?

Senden her kaçışım
gelip yine sana sığınmak
içindi.

Bilmedin.

Sarıldım kendime

En azından gitmeden önce son kez bana sarılsaydı diyorsan, merak etme o kadarcık güzelliği bile yaşayabilen çok az kişiyiz.

Ben de o kişilerden bir tanesi olarak söylüyorum ki, inan hiçbir şey fark etmiyor. Hatta daha çok acıyor. Madem sarılabiliyorsun neden gittin diye soruyorsun. Giderken arkalarında kuru bir hoşça kal bırakıyorlar sadece, sen de onu cebine koyup buruşmuş bir anı olarak yanında taşıyor, her aklına gelişinde çıkarıp bakıyorsun. İçini acıtan her detay gözyaşlarına karışıyor, dinmiyor.

İnsanlar çok acımasızlar, gerçi onu da anlıyorsun. Sevmediği biriyle ne kadar sarılabilir, onun elini nasıl tutabilir insan? Sen yapabilir misin bunu? Ben asla yapamam.

O yüzden insan her şeyden önce kendine sarılmalı. Ben öyle yaptım, kendime sarıldım, kendi yaralarımı sarmaya çalıştım. Kendimle konuştum, canımı yakan ne varsa unutmaya çalıştım. Sevdiklerinin varlığı yokluğa karıştığında susar insan, ancak bir yere kadar zapt edebildiği bir ağlama hissi gelir dayanır kapıya. Ağla.

Bazen o bile bir rahatlama şeklidir. Ağlamaktan hiçbir zaman utanmadan ağladım, hem de çok ağladım. Kimse anlamadı beni, çok özledim dedim geçer dediler, son kez bana sarıldı dedim, ne gerek varmış dediler...

Sustum, susmadılar.

Giden gitti ben gidenle kaldım. Yapayalnızdım.

25

Ne kolaydı değil mi insanların hayalleriyle oynayıp sonra da hiçbir şey olmamış gibi hayatına devam etmek. İlk önce rüyalar gördürüp sonra uyan demek. Kâbus olan hayatıma kara basan gibi gelip beni orada hapsetmek gibi...

Aşk denilen şey zaten hastalık gibi, gündüz bir şekilde idare edebilirken gece olunca ateşin çıkar gibi çıkar ya karşına...

Ne uyuyabilirsin ne de uyumak istersin. Tek istediğin şey ona sarılıp uyumaktır. Defalarca telefonda online mı diye bakarsın, aklına gelecek tüm sosyal medya hesaplarından takip eder peşini bırakmazsın ama yoktur. En acısı da ne biliyor musun? Sen onu düşünerek uyuyamazken o belki de başka bir tendedir. Sen onun için ağlarken uykusuz gözlerle, o mışıl mışıl uyur. Sen onun için paket paket sigara içerken, o gülüp eğlenir. Sonra da sen kendi kendine şimdi kim dokunuyor sana dersin. Kendine yazık edersin.

Hayat acımasız, güçsüzlere göre bir yer değil. O yüzden şimdi kapat gözlerini, uyu ve o cebine koyduğun, arada çıkarıp baktığın buruşuk hoşçakalı çöpe at!

O artık başkasına ait, bunu anla, çünkü sen onun yerinde olsaydın onun sana yaşattıklarını ona asla yaşatmazdın.

Bırak.

Eşsiz ruhuna sarıl ve seni sen olmaktan alıkoyan ne varsa hepsini geride bırak.

Bırak ne yapıyorsa yapsın, o artık sana ait değil, hiç olmadı. Ayağa kalk ve toparlan. Dost acı mı söyler bilmiyorum ama ciğerini yaktığını biliyorum.

Saatler geçip gidiyor. Kimse giderken sarılmıyor artık ama sen kime sarılabilirsin biliyor musun? Sadece kendine!

Unutma; kendini asla aldatmazsın, kendine asla yalan söylemezsin, kendine asla bir kuru hoşça kal bırakmazsın. Sen sensin. Seni sen olduğun için seven insanlarla mutlu olarak hayatına devam etmek zorundasın.

Evet dünya garip bir yer, senin aşık olduğun sana aşık olmuyor. Ama gün gelir sen kendine sarılırken bakarsın biri de çıkar sana sarılır.

Gerçekten sarılır. Tüm benliğiyle, ruhuyla, kalbiyle sarılır... Olamaz mı? Olur bence!

Sevgi denen şey buruşturulup atılacak bir şey değil. Hem o kim ki sana bir kuru hoşçakalı bırakıp gidecek? Sen bu kadar mı değersizsin? Bir kere kendine bunu itiraf et. İlk önce kendinle yüzleş, kim senin canını yakabilir, bunu sor kendine? Kim seni üzebilir? Onlar kim ki seni ağlatıyorlar?

Sarılmak gerekiyorsa kendine sarıl, başka kimseye değil. Soğuk yatakta gerekirse titreye titreye, tek başına uyu ama yine de sana değer vermeyeni isteme yanında! Başta üzülebilirsin ama şunu asla unutma:

Acı geçmez, ama acıya alışırsın!

Alışacaksın, buna da alışacaksın. Hepsi geçecek, yeniden güneş doğacak ve bahçende güller açacak. Sen kimseye boyun eğmeden yaşayabilirsin çünkü farkında olmasan da sen çok güçlüsün. Hayat akıp giderken kendine sarılmak yerine başkalarına sarılmayı denersen, onlara tutunmaya çalışırsan her zaman üşürsün. Aşk bir güven oyunudur. Hani çocukken bir oyun oynardık, arkadaşın arkana geçer kendini bana bırak ben seni tutacağım der de gözlerini kapatıp ona sonsuz güvenirsin ve kendini bırakırsın ya, aynen o hesap.

Seni tutacak, her düştüğünde kaldıracak, ya da sen düşerken seninle düşecek insanlarla beraber ol.

Herkes seni yalnız bırakabilir, önemli olan gerçek yol arkadaşını bulabilmek.

Bul onu ve ona sarıl. Ama ilk önce kendine sarıl...

**Hiç gelmeyeceğini
bildiğin halde
hala özlediğin birileri varsa,
hala yaşıyorsun demektir.**

Karanfilime

Eğer hayatta kaybettiğin birileri varsa ve onları çok özlüyorsan, merak etme ben de annemi çok özledim. Bazılarınız bilir, bazılarınız bilmez. Benim babaannem, annemdi ve annemi kaybettim ben.

Onu her yazdığımda nasıl da hızlı, nasıl da umursamadan geçtiğini fark ediyorum yılların. Sekiz yıl oldu...

Sekiz yıldır yalnız, sekiz yıldır eksik, sekiz yıldır yarım yaşıyorum...

Anneler hiç ölmez derler ya, ölmüyorlar evet. Ben her gün ondan bahsediyorum, her gün onu hatırlıyorum, onu anıyorum. Bu zamana kadar onu çok anlattım ama nasıl kaybettiğimi anlatmadım hiç. Koah hastasıydı, yani astımın daha da şiddetli olanı.

Doktor çok sigara içiyorsun, bırak dedi, o da mecbur bıraktı ve artık evde hava makinesiyle yaşamaya başladı. Gel zaman, git zaman bu durum böyle devam etti. Ben o zamanlar dövmecilik yapıyordum ve evde çalışıyordum. Bir gün yine birine dövme yaparken halam içeri girdi ve annen çok kötü dedi. Ben de hemen içeri koştum. Salonda oturuyordu. "Ne oldu kız?" dedim, "bir şeyim yok, şimdi geçer" dedi. Halam anne miden mi bulanıyor deyince fark ettim midesinin bulandığını; aynı zamanda panik atak geçiriyordu.

Ben de "hala, lütfen sus" dedim. "Anne hiçbir şeyin, yok merak etme" deyip rahatlatmaya çalıştım onu, gözlerinin içine bakarak "anne, ambulans çağırmamı ister misin?" diye sordum. O da son derece sakin bir şekilde gözlerime bakarak "çağır annecim" dedi. Hemen ambulansı aradım.

"Hastaneye gidelim gelelim söz çay yapacağım sana kendi ellerimle, karşılıklı içeceğiz, sonra da sana Playstation sipariş edeceğim" dedim bir şeyleri normale döndürme çabasıyla. O da tamam dedi, sağ elim onun suratında dururken sol elimle vücudunu tutuyordum, merak etme bir şeyin yok diye diye ona kendini iyi hissettirebilmek için...

Olmadı...

Onu teskin etmek için elimden geleni yaparken, o son kez bana bakıp gözlerini yumdu...

Sağ elimin bu kadar ağırlaştığını ben ömrüm boyunca hiç hissetmedim. Ömrümde ben o kadar ağır bir şeyi kaldırmadım... Anne, anne diye ona seslenirken ben, ambulans geldi. Elimi çekemedim yüzünden. Hayatımda bugüne kadar ellerim bu kadar ağır bir şey taşımamışken, meğer ben o an annemin cenazesini taşıyormuşum.

Toplam on iki dakika kalbi durmuştu, bu da şu demek:

Bir hastanın beynine on iki dakika boyunca oksijen gitmediyse, uyanınca ne olacağını bilemeyiz. Doktor böyle söyledi. "Belki sizi tanımaz, belki felç kalır belki de sağ tarafını hissetmez" dedi. Çünkü on iki dakikanın sonunda kalp atışlarının geri gelmesini sağlamışlardı.

Tam sekiz gün bekledim hastanede. Her gün dua ettim, Allah'a yalvardım geri dönsün diye. Sekizinci günün sabahı, 1 Haziran günü annem bu hayata gözlerini yummuştu, hoşça kal demişti hayata ve bana...

Ben ölümle ilk kez orada tanıştım...

Anneler ölmez diyorlar dedim ya, ölmüyorlar evet. Hala ölmedi içimde. Her gün onu anıyor ve çok özlüyorum.

Seni çok özledim anneciğim...

Her zaman kendime ve aileme şunu diyorum; beş seneye daha ihtiyacım vardı. Beş sene daha hiç değilse yaşasaydın anneciğim. Belki de ben bu kadar sinirli, kalpsiz bir adam olmazdım o zaman. Çatal bıçak kullanmadan, aklıma gelebilecek her şeye kadar öğreten annem bir beş sene daha benimle olsaydı, hiç değilse bana bununla, bu sinirimle, bu hayatın zorluklarıyla nasıl savaşacağımı da öğretirdi.

Çok uzatmayacağım, seni çok özledim.

Hep özlüyorum özleyeceğim de...

Deli oğlun Sercan..

Kalabalıklara dair
ne öğrendiysem
yalnızlığımdan öğrendim.
Yanımda kimse yokken
yalnızlığımla kalabalıktım.

Hayata Merhaba De

Hayat elinden kayıp gidiyor gibi bir duyguya kapıldıysan ve kendini yapayalnız hissediyorsan merak etme, o duyguyu en derinlerde ben de çok taşıdım.

Yalnızlık insana çok şey öğretiyor ama önemli olan aynı zamanda onunla başa çıkabilmek. Başa çıkamadığımız tek şey her ne kadar ölüm de olsa, onunla da bir şeklide başa çıkabiliyoruz. Ama yalnızlık hissi çoğu zaman öğretici olduğu kadar canını da yakıyor insanın.

Bazen de her şeye rağmen şükretmemiz gerek, bunu sen de biliyorsun.

Mesela şu anda hastanede rahatça bir nefes almak için her şeyini verebilecek olan insanlar var. Sokakta yatan insanları düşün mesela. Çocuklarına yedirecek bir ekmek bile bulamayan bir anneyi ve daha nicelerini düşün.

Elimizde ne varsa şükretmeli ve her şeye rağmen devam etmeliyiz.

Bir video izledim, iki çocuğa soru soruyorlardı ve o çocukların verdiği cevap beni mahvetmişti. İlk çocuğa hayalin ne diye sordular, o oyuncak araba dedi; aynı soruyu onun bir büyük abisine de sordular, o çocuk da battaniye dedi.

Bu hayatta bir çocuğun hayali battaniye olmamalı, oyuncak bir araba olmamalı! Dışarıda bu kadar zengin insan varken, dünyada bu kadar para pul varken bir çocuğun hayalleri bunların ötesine varabilmeli. Ben kendi içimde haykırıyorum ama elimden bir şey gelmiyor. Bu yüzden şükretmeliyiz; yaşadığımıza, nefes aldığımıza, yemek yediğimize, sahip olduğumuz her şeye şükretmeliyiz. Bir ekmek bulamayan, bir battaniyesi olmayan kadınlar, adamlar, çocuklar var bu dünyada.

Şükür içimizden gelmeli. Şükretmedikçe, daha fazlası için hırsa kapıldıkça kaybederiz. Bu ince çizgiyi göz ardı etmemeli insan. Eldeki imkanlar ne olursa olsun, onunla kendimiz için en iyisini yapmayı, kendimize en iyisini yaşatmayı bilmeliyiz. Zor olsa da, sahip olduklarımız çok az olsa da, sahip olduklarımızın gerçek değerimizi belirlemediğini bilmeli, kendi kendimizi değersizleştirmemeliyiz.

Battaniyesiz kalmış yuvalarımızın soğuduğu gibi kalbimiz de soğursa bir gün, bir gün evimiz ısınsa bile yüreğimiz ısınmaz kendi hayatına. İnsan için en kötüsü kendi hayatına yabancılaşmak, kendinden uzaklaşmaktır. Hayata umutla bakmak için zorlamalıyız kendimizi.

Okulda, işte, her nerde ne şekilde olursan ol umutla bak hayata, yeri geldiğinde zorla kendini, bırakma. Hiç durmadan çalış, kendin için çalış, ruhun için, hayallerin için çalış, koş onların peşinden, sakın bırakma.

Ve sana kim karşı çıkıyorsa, kim önünde engel oluyorsa, kim seni geri çekmeye çalışıyorsa onu hayatından çıkar. İyiye, güzele giden yoluna devam edebilmek için yap bunu. Çünkü bir gün mutlaka varacaksın oraya.

Yollarda yağmur çamur olabilir, kendini o yollarda kaymış, düşmüş bulabilirsin. Önemli olan ayağa kalkıp o çamuru, kiri silkeleyip yola devam etmek, edebilmek. Biliyorum her istediğini alıp yiyemiyorsun, biliyorum her istediğin yere gidemiyorsun, biliyorum her istediğini alıp giyemiyorsun. Biliyor ve derinden anlıyorum bunu. Bari bir sevdiğim olsun,

sırtımı güvenle yaslayayım, birbirimize destek olalım diyorsun
ama bu da artık imkansızlaştı, çünkü doğru insan dediğimiz
şeyi bulmak artık tamamen bir şanstan ibaret. O şans yine de
bizim elimizde, o şansı yaratmak ve hayatımıza dahil etmek,
her şey bizim elimizde. Daha çok umut edip, daha çok hayal
kurarak ve bunun için de daha çok çalışarak...

Dürüst olayım, evde oturarak, boş boş gezerek, hayallerimizin
peşinden koşmayı bırak, hayal bile kurmayarak yaşadığın bir
hayattan hiçbir şey olmaz.

Şimdi sana soruyorum, umutlu olup, yola devam edip, hayal-
lerinin peşinden mi koşacaksın, yoksa evde oturup, yenilgiyi
kabul edip, vaz mı geçeceksin?

Şayet ben ayağa kalkacağım dersen, sen de bendensin demek-
tir. Seni bekliyor olacağım. Kendin için iyiye giden yola adım
attığın an ben de orada olacağım.

Sen çok güzelsin unutma!

Koş!

Yüreğin nereye istiyorsa oraya koş!

Tam olarak
herkesin beni unuttuğu yerde
kendimi
hatırladım.

Kendin İçin Bir Şey Yap

Bugün kendim için ne yaptım diye düşünüyorsan, merak etme bir çoğumuz hiçbir şey yapmıyoruz...

Kendimizi bırakmışız zamana, o kalp giderken biz de öylece sürükleniyoruz. Arkamızda yarım kalmış aşklar, yarım bırakılan hayaller, eksilmiş umutlarımızla öylece teslim oluyoruz akışa, karşı durmak da yetmiyor çünkü bazen.

Bugün kendin için bir şey yapmanı istiyorum ama senden, her ne olursa olsun önemli değil, sadece kendin için olsun.

Mesela bir sahil kenarına git, derin bir nefes al ve etrafı izle sadece. Ya da ne bileyim, sinemaya git, o haftanın en az izlenen filmi hangisiyse ona git mesela. Hiçbir şey yapmak istemiyorsan kalk bir kahve yap kendine, onu yudumlarken her şeyini bir kenara bırak, kahve içmeyi o gün dünyanın en önemli meselesiymiş gibi düşün.

Eksik olan aşkları, umutları, hayalleri, her şeyi bir kenara at ve sadece kendine odaklan. Bir martı gibi düşün; limanın ya da gidecek hiçbir yerin yok, özgürsün, sorumlulukların yok, hesap vereceğin kimse yok, hiç tasan yok...

O an, yani o kahveden ilk yudumu aldığın andan itibaren yeryüzünde var olan tek şey sensin. En özel kişi, yanında olmasından mutlu olduğun tek kişi yine sensin, sadece kendini düşün.

Bırak o laftan anlamayan, seni aslında hiç sevmemiş sevgilini, bırak o parasızlık düşüncelerini, bırak seni üzen, kıran, parçalayan ne varsa kaldır ve bir kenara bırak. Bunu yapabilirsin kendin için. O ilk yudumu aldığın an daha iyi hissedeceksin inan.

Ya da bir sahil kenarına gidip güneşin batışını seyrederken belki ağlayacak belki de gülümseyeceksin. Bilemezsin. Kendin için harekete geçmeden daha hangi yollardan geçeceğini bilemezsin. Geleceği düşün, geçmişin geleceğe yenik düşeceğini düşün, daha ne kadar uzun bir yol var önünde farkında mısın? ileride yapacaklarını, ulaşabileceğin yerleri getir gözünün. Önüne, seni nelerin beklediğini hayal et.

Unutma, 365 günün sadece bir günü kötü geçti diye geriye kalan, hala önünde duran ve yaşamanı bekleyen günlerden vaz mı geçeceksin? Onlar ne olacak? Bir gün kötü geçti diye diğer günler de mi kötü geçecek? Bu. Karamsar düşünceye teslim olmak seni gerçekten mutlu etmeyecek biliyorum. Bir yanın vazgeçemeye niyetlense de, sonunda asla pes etmeyeceğini de biliyorum.

Çünkü yalnız değilsin.

Ben buradayım. Biz buradayız.

Pes etmeyip, kendimiz için hayatta kaldıkça kazanacağız.

Renksiz de olsa,
bu dünyayı birlikte
sevebileceğim,
sevgisinden asla şüphe
etmeyeceğim
birini istemiştim aslında,
hepsi bu.

Aralarda bir yerlerde

Kendini arada kalmış, sıkışmış hissediyorsan merak etme, ben de öyle hissediyorum.

Sağıma baksam dar, soluma baksam basık, olduğum yerde kalmış bir başıma "ne istiyorsunuz benden" diye bağırmak isterken buluyorum kendimi. İnsanların içimde her gün biraz daha derinleştirdiği o yalnızlık hissinden yine tek başıma çekip kurtarmaya çalışıyorum kendimi.

Gerçekten ne istiyorlar bizden? Bizliğimizi mi?

Çoğu zaman, ben herkesin gönlünü hoş etmek, herkesin istediği gibi davranmak zorunda mıyım diye sorarken buluyorum kendimi. Cevabım her seferinde hayır çıkarken neden yine de herkesin gönlünü hoş tutmaya çalışıyorum? Başkalarını düşünmekten neden alıkoyamıyorum kendimi?

Karşılığı olmadığı halde başkalarını düşünmek yoruyor ruhumu, içimdeki yalnızlık hissi derinleşiyor.

Ne olabilir bu kadar paylaşamadığımız bu hayatta? Bir süreliğine bulunup yeryüzünde, sonra da göçüp gidecekken, derdiniz ne bu kadar? Bu kadar hırs, bencillik, menfaat tutkusu neden? Sevmek, sevilmek varken, bölüşüp paylaşmak, sevince de mutluluğa da ortak olmak varken bu rezilliği neden insanların?

İnsanlar ekmek bölmeye çalışırken ben kendimi böldüm koydum ortaya. Yediler, bitirdiler gene de yetemedim kimseye...

Yetebilmek, sevdirmek zorunda değiliz kendimizi kimseye ama yapımızda bu var bizim, değer verdiğimiz insanlar mutlu olmadan mutlu olamıyor ve bir şeyleri eksik bıraktığımız hissine kapılıyoruz hep.

Herkesi mutlu edebilir miyiz? Herkes bizi sever mi? Sanmam. Aman onun canı sıkılmasın, aman şu üzülmesin derken kendimiz kayboluyoruz aslında, kimse de görmüyor ne kadar kaybolduğumuzu bizden başka. Gerçi biz de görsek bile kendimiz için adım atmıyoruz, meselenin temeli budur belki de. Çocukluğumuzda da öyle değil miydi? Anne babaya bile yeri geldi sevdirmeye çalıştık kendimizi. Ne garip değil mi? Sırf babam olduğu için beni sevmek zorunda mıydı? Ya da ben kendimi sevdirmek için bu kadar çırpınmalı mıydım? Kendiliğinden ve içten olması gereken şeyleri oldurmak için paraladık kendimizi ama içimizde yaradan başka bir şey kalmadı. Kiminin yarası ailesidir derler ya, öyle işte.

İlk yarayı onlardan alıyoruz zaten. Onların sevgisizliği bizde kendimizi herkese sevdirme hissini yarattı belki de...
Ne bileyim, derin bir yalnızlık ve sevgisizlik hissinin içinde sıkıştım çıkamıyorum. Çıksam bile gün ışığını göremiyorum. Karanlık sarmış etrafımı, kimse olmadan yaşamaya çalışıyorum. Hissettiklerimi anlamlandırıyor ama kendim için bir şey yapmayı, kendimi değiştirmeyi de anlamsız buluyorum bazen. Bırakıyorum. Akışına bırakıyorum.

Öyle aralarda bir yerlerde yaşıyorum. Gelişine vuruyorum artık, gol olursa oluyor olmuyorsa da kısmet diyorum. Sen de böyle hissedersin bazen. Kendin olmaktan yorulur, çabalardan vazgeçersin. Her şeyi bilir ama hayatına geçirmezsin. Aralarda bir yerlerde öylesine vakit geçirmekten ibaret bir hal alır hayat. Bir süre böyle gitsin dersin. Belki de o sürenin içindeyim, bilmiyorum.

Geçer mi?
Geçecek elbette.

Bu renksiz dünyayı sevmiştik birlikte diyor Tanju Okan. Renksiz de olsa, bu dünyayı birlikte sevebileceğim, sevgisinden asla şüphe etmeyeceğim birini istemiştim aslında, hepsi bu.
Belki olur bir gün.
Bir boşlukta, arafta, karanlığın en koyusunda, aralarda bir yerlerde dolanıyor olsam bile kaybolmayan o inatçı umudumla baş başa kaldık.

Masa bir köşede dururken, bardaklarım boşalmış şekilde hasret dolu nefeslerde gelişine vuruyorum şimdilik, gol olursa söyleyin çünkü bakmıyorum artık...

Yaşadıkça alışmak bir şeylere
bazen farksız
yaşarken ölmekten.

Kırk yıl hatırı var

Kendine bir kahve yapıp, camın kenarından akıp giden hayatı izlerken kendi hayatını düşünmek istiyorsan merak etme, neredeyse benim de her sabahım bu şekilde geçiyor.

Bir fincan kahvenin kırk yıl hatırı vardır diyorlar ama yalan söylüyorlar aynı "aşkın gözü kördür" derken yalan söyledikleri gibi...

Yalan, çünkü aşkın gözü kör olsaydı ben onun gidişini görmezdim...

Kim görmezden gelir ki zaten, sevdiğin ellerini bırakmış giderken kim kör kalabilir o duruma? Ben kalamam...

Kırk yıl hatırı var diyorlar kahvenin, ben defalarca onunla kahve içtim birini bile hatırlamam ama beni aldattığı günü hatırlarım. Kahvesini nasıl yudumladığını bilmem ama bana yalan söylemesini hatırlarım. Kahve değildir kırk yıl hatırı kalan, aslında aşktır. Seni aldatsa da, yalan da söylese unutamazsın o aşkını. Anlatmak istersin, utanır anlatamazsın. Bazen anılarını anlatırsın ismini değiştirerek ama onu kırk yılı bırak bir dört yüz yıl da geçse unutamazsın. Tıpkı o ilk öpücük gibi, unutamazsın. Babandan defalarca dayak yersin ama annenden yediğin ilk tokadı unutamazsın. Birlikteyken üzerinize yağan ilk yağmuru ve ansızın gidişini unutamazsın.

Unutamadığımız ne çok şey var değil mi?

Hepsi aklımızda, hepsi kalmış bir kenarda öylece sere serpe...

Konuştukça gelir aklına insanın, bak bir de şu vardı, aa bak bir de bu olmuştu dersin. Ama ne varsa, her ne yaşanmışsa ilk önce kötü şeyler gelir aklına, kimse güzel olan şeyleri hatırlamaz. Şimdi rastgele birilerine sorsan izlediğin en iyi film hangisiydi diye, Babam ve Oğlum der mesela ya da Issız Adam der, dünya klasiklerinden Yeşil Yol der ama kimse bir komedi filmi söylemez, çünkü hayat gülünecek kadar kolay değil. Evet her şeye yeri gelince gülüp geçebiliyoruz ama nedense hafızamız sadece kötü ve duygusal anları yaşatır, onları yaşatmaya devam eder. İnsanoğlu değil mi, hepimiz ağlayarak geliyoruz dünyaya, o hesap işte.

Sen bir çiçeğin ağlayarak yeşerdiğini gördün mü hiç? Ya da bir hayvanın ağladığını doğum anında? Ben görmedim. Bu biz insanlara özel bir durum ve bu yüzden doğarken ağlarız öldüğümüzde ağlamasak bile. Bizim yerimize arkamızda kalanlar ağlar.

Her göz yaşında boğulur ne olursa olsun ağlarsın ya...
Ağlayalım be.. Ne olursa olsun insanız, öyle ya da böyle yaşıyoruz, güveniyoruz, seviyoruz, aşık oluyoruz. İyi ya da kötü ayrılıp barışıyoruz, susuyoruz, bağırıyoruz, kavga ediyoruz, duruyoruz. Hem de hiç kıpırdamadan duruyoruz. Bu hayatta en büyük hobilerinden biri ne diye sorsalar durmak derim herhalde, çünkü o kadar çok çaba gösteriyorum ki yaşamak için, bir şeylere katlanmak için. Durmak en büyük hediye oluyor bazen. Sen sen ol, kendin için dur, hayat için dur, kırk yıllık hatır için dur ve sadece biraz düşün. Ne olduğunu, ne olabileceğini, kimler için ne savaşlar verdiğini, ayrılırken arkasına bile bakmadan gittiğini, o soğuk sarılmayı, son kez göz göze bakmayı düşün...

Denize ilk adımı atmak gibi, bu dünya soğuk ama girdikçe alışıyorsun...
Koşuyorsun, büyüyorsun, emeklemeden koşmak olmaz diyorlar ama her aşkta koşmak istiyoruz, yaşanamamış her şeye yetişmek

istiyoruz. Öğrenmeden olmaz diyorlar, hemen tüm dünyasını öğrenmek istiyoruz. Bazen aceleci, bazen heyecanlı, bazen de utangaç oluyoruz ama hiçbir şeyi unutmadan, kafamız dik, gönlümüz pek bir şekilde yaşıyoruz, yaşatmaya çalışıyoruz.

Bazen de sadece çalışıyoruz. Çünkü bazılarına ne yaparsan yap yetmiyor. Çabalamakla, çalışmakla, gönlünü hoş etmekle uğraşıyoruz; sancıyla geldiğimiz bu dünyadan sancılarla geri dönmeye çalışıyoruz. Dönme dolaba binip, o baş dönmelerini yaşayıp, sarsılıp yeniden birbirimize sarılıyoruz. Islak bir bileklik gibi kopmamaya çalışırken, en güvendiğimiz dağlara karlar yağdırıyoruz. Ne olursa olsun insan olmaya çalışıyoruz, ne kadar aşık da olsak, sevsek, çabalasak, koşsak, kalksak savaşsak dahi sonunda kendimizi bir kutunun içinde buluyoruz. Hayata kafa tutmayı seçip herkese kocaman bir hass*ktir çekiyoruz. Bize yakışıyor mu bilmiyorum, kırk yıl hatırı kalır mı onlarda bilmiyorum ama seni ve beni üzen herkese ben de kocaman bir hass*ktir diyorum buradan.

İster kırk yıl aklında tutsun ister buruşturup cebine koysun fark etmez! Bazı yollar kapandı, bazı hatırlar tükendi.

Güçlüyüz sen ve ben, bunu unutma.

Şimdi ne yap biliyor musun, kırk yıl hatırı kalacak bir hass*ktir çek herkese!

Bırak sende kalacağına onlarda kalsın, ceplerine harçlık yaparlar!

Allah
yarına bırakır
ama yanına bırakmaz.

İç Güzellik

Sadece içime baksaydı, içimdekileri gerçekten görebilseydi diyorsan kendi kendine, merak etme bir çoğumuz öyle; çünkü herkes aynada kendini beğenmiyor ve aynadaki kendini bile beğenmeyen bir insan bir başkasını nasıl sevebilir diyorsun. Merak etme bizim gibi düşünen birçok insan da var sadece iç güzelliğe bakan, bir insanın yüreğine değer veren.

Sahte insanlardır dışa bakanlar, insanı sırf dış görünüşüyle yargılayanlar. Güzellik ya da yakışıklılık ne kadar önemli? Onlar yaşlanmayacaklarını düşünüyorlarsa çok beklerler bunu. Bir kazaya bakar bazen güzellik, bir anda başına gelen herhangi bir kaza güzel sandığın şeyin çirkinleşmesine yol açabilir. Kime göre, neye göre? Güzellik kavramı sadece görüntüyle açıklanabilecek kadar basit midir? Bence değildir. O şekilde algılayan ve yaşayan kim varsa bizim hayatımızdan uzak olsun, öylesi ne mutluluk verir, ne huzur getirir çünkü.

Kendi adıma, bu zamana kadar her zaman yüreği güzel mi diye baktım bir insanın. Rahmetli babaannem derdi ki, ilk önce içi güzel olacak insanın, bir hayvana güzel davranıyor mu, bir garsonla güzel konuşuyor mu, bir bebek ağladığında suratını ekşitiyor mu, onlara bak derdi. O zamanlar anlamazdım ama büyüdükçe anladım ne demek istediğini. Her zaman hal ve hareketlere baktım. Kimin kalbi kötüyse ondan uzak durdum ben, sen de öyle yap. Önemli olan kalp. Çok güzel olup kalbi kötüyse, senin kötülüğünü düşünüyorsa ne anlamı olabilir? Ya da çok yakışıklı diyelim, herkes ona bakarken o bir kuru günaydını bile eksik edip umursamıyorsa neye yarar yakışıklılığı senin ruhunu okşamadıktan sonra? Hepsi boş bir kâğıt parçası, karalasan ne, buruşturup atsan ne?

İki kelimeyi bir araya getiremeyen insanlar kalkıp bize kendi algılarını dayatmaya çalışıyorlar, yazık onlara, üzülüyorum. Sen kalbini ruhunu güzel tut, elbet senin kadar güzel kalbi olan birisi çıkacak karşına merak etme. Benim en büyük bedduamdır biliyor musun hayatımdan çıkıp gidenlere, Allah senin kalbin neyse ona göre insan çıkarsın karşına diye...

Kalbi kötüyse kötü, kalbi güzelse güzel insan çıkarsın karşısına; hatta isterim ki hemen şu an karşılaşsınlar, şayet hayatlarındaki en doğru insanlarsa yarın hemen evlensinler hatta. Ama kalpleri neyse öyle olsunlar. Kalbi kötü olanın hiçbir zaman kafası yukarı kalkmayacak ve işi gücü düzgün gitmeyecektir.

Allah yarına bırakır ama yanına bırakmaz.

Bunu unutma olur mu? Herkesin bir zamanı gelecek ve herkes bir şekilde kalbi neyse ona göre birini bulacak, ama iyi ama kötü. Peki sence senin kalbin nasıl hiç sordun mu kendine?

Sence senin karşına nasıl biri çıkar hikâyenin sonunda, iyi mi kötü mü?

Hani her şey karşılıklı derler ya, sence seni gerçekten sever mi sevmez mi? Ya da aldatır mı? Kim bilir, belki de karma çıkar gelir, hak ettiğin ne varsa önüne koyar ne dersin? İlk önce insan kendine bakmalı, kalbin nasılsa öyle insanlarla karşılaşırsın çünkü sonunda. Arada aldanışlarımız, hatalı tercihlerimiz olur elbette, yanılabiliriz. Ama sonunda her taş yerine oturur. Bu yüzden ne yaparsak yapalım kalbimizi kötü tutmayalım, söz ver bana, her zaman kalbini iyilikten yana, doğrulardan ve güzelliklerden yana tutacaksın anlaştık mı?

Ben kendi adıma sana söz veriyorum. Sen de ver!

Benim için ya da bir başkası için değil, bunu kendin için yaptığını bil, yeterli.

Kendi mutluluğun için
adım atmadın,
başkasının
yolunda
düşersen

yalnızsın.

Nasılsın?

Herkes kendi derdinde, bir tek bana nasılsın diyen yok diye düşünüyorsan merak etme, kimse kimseye nasılsın diye bile sormuyor artık, o soru unutuldu, bir köşeye atıldı.

Herkes kendini düşünür oldu, herkes kendi derdinden başkasını görmez oldu. "O nasıl, iyi mi, bana ihtiyacı var mı?" diye soran yok. Kolay kolay da bulamazsın.

Şayet etrafınızda bir yerlerde böyle güzel insanlar varsa onları asla bırakmayın. En güzel olanı da, eğer sevgilin sana içten bir şekilde nasılsın diye soruyorsa, bunu sadece sözüyle değil gözleriyle de yapabiliyorsa, bu çok ciddi bir güzellik demek, bunu sakın unutma. Herkes arkasında dağ gibi duran insanlarla karşılaşsın derdi babaannem, aynen öyle. Arkanızda dağ gibi duran insanlarla olun. Seni düşünen, saran, sevgiye boğan, hayatına dair en küçük detayı bile düşünen insanlarla ol, çünkü sen de farkındasın işte okulda, arkadaş çevresinde, hiçbir yerde artık kimse kimseye içten bir nasılsın bile demiyor. Bunun ne kadar acı, ne kadar kötü bir şey olduğunun daha kimse farkında bile değil. Ölüyorsun ama üşüyorsun zannediyorsun, sonsuz bir uykuya dalacaksın ama farkında değilsin. İnsanlık ölmüş diyorlar ya evet insanlık öldü, hatta cenazesi bile kalktı. Kimse arkasından bir dua bile etmedi bu aralar...

Peki gerçekten sana sorsam nasılsın? Bunu ciddi soruyorum, nasılsın? İyi misin? Kendini nasıl hissediyorsun? Mutlu musun? Ya da mutlu değilsen mutlu olmak için bir şey yapıyor musun? Hani her şey bitti dediğin an var ya, daha oraya ulaşmadığına eminim ama ulaştıysan gel biraz konuşalım seninle...

Bırak artık o sigara içmeyi mesela, alkol alıp kendini kedere vurmayı, birileri için kendini üzmeyi, yıpratmayı bırak bir kenara, çünkü onlar seni senin onları düşündüğün kadar düşünmüyorlar. Düşünmeyecekler de. Seni tek düşünen ailen diyeceğim ama yeri geliyor onlara bile ulaşmakta zorluk çekiyorsun farkındayım, Sesini duyuramıyorsun çoğu zaman. Elini uzatsan oradalar ama yok da gibiler aynı zamanda. Ya da bazen sen yok gibisin, koca evde, sokakta, işte, okulda hayalet gibisin. Birisi fark etse de onun suratına bağıra bağıra "ben kötüyüm ulan kötü! Sesimi duymuyor musunuz?" dediğini biliyorum, ya da diyeceğini.

Ben şu an bunları sana yazarken bir kafede oturmuş kahve içiyorum ve insanların suratına bakıyorum. Sen de neredeysen şu an baksana gözlerine, nasıl durduklarına, tavırlarına bir bak, kim mutlu? Sanki birine dokunup nasılsın desem herkes ağlayacak, herkes mahvolmuş gibi. Gülen insanlara bakıyorum, onlar bile sahte. Gülüşlerine dikkatli bak, farkındaysan güldükleri anda surat kasları eski hallerine geri geliyor çünkü gerçekten gülmüyorlar, sadece oyunculuk yapıyorlar. Suratlarına karşı komik ne var bu kadar diye bağırmak istiyorum, yalancısınız hepiniz, aslında komik olan bir şey yok siz kendinizi kandırıyorsunuz demek istiyorum fakat değmezler. Neden mi? Çünkü artık herkes oyuncu, herkes tiyatrocu. Herkes evden çıkmadan önce suratına bir maske takıp çıkıyor.

Şimdi sana iki sorum var; bir, gerçekten nasılsın?

İki, bugün evden çıkarken ya da şu anda suratında hangi masken var?

Gülüyor musun? Ağlıyor musun?

Defalarca denedim, kimse anlamadı.

Artık Güçlü Olman Gerek

Onu çok sevdiğinin ve yere göğe sığdıramadığının farkındayım. Bir tek ben mi böyle seviyorum diyorsan içinden merak etme, hepimiz öyle seviyoruz.

Hayır yalan söylemeyeceğim sana, hepimiz farklı seviyoruz, hatta tanışmalarımız bile hepimizin farklı...

Mesela sen bir kafede tanışmış olabilirsin onunla, bazıları internette tanışır, bazıları bir kediye su verirken, bazıları ise bir sahil kenarında ama aynı olan şey nedir biliyor musun bütün bu tanışmalarda?

Tanışmalar farklı olsa da ayrılığın acısı aynıdır.

Kalbini biri avuçlamış da sanki sıkıyor gibidir. Hiçbir şey yemek istemezsin. Gece herkes uyur ama sadece sen uyanıksındır. Kimse duymaz sesini çığlık atsan da. En sevdiğin yemeği yersin de en ufak tat bile alamazsın. Hani en sevdiğin şarkı çalar da eskisi gibi heyecanlandırmaz ya seni, o duygudan bahsediyorum. Uçurumdan düşüp yere çakılmışsındır, ona rağmen kalkacak halin de vardır ama kalkmak istemezsin gibi...

Bu gibiler uzar gider, sen beni anlarsın ben de seni, biliyorsun değil mi?

Farkında mısın bilmiyorum ama benim artık dertleşecek kimsem kalmadı senden başka...

Bir tek sana yazıp anlatıyorum kendimi. Dertlerim bir köşede öylece duruyor, onlara bakıyorum saatlerce.

İnsanlar neden yazıyorsun diyorlar, belki sana da neden okuyorsun diye soruyorlardır. Ben kendimi anlatıyorum, beni okuyanlarla dertleşiyorum diyorum. Bizimle dertleş diyorlar, sanki anlatsam anlayacaklar.

Sana bir şey diyeyim mi, denedim, hem de defalarca denedim. Kimse anlamadı, ben de sana yazıyorum işte arkadaşım, dostum, kardeşim.

Kime derdimi anlatsam, sana çok kişi var dediler. Kimse anlamadı, ben başkalarını değil onu istiyorum.
Anlamak bu kadar zor olmamalı ya da onlar hiç aşık olmadılar, bilmiyorum. Zaten aşık olmayan birinden ne bekleyebilirsin ki. Herkesin hayatı ya cinsellik olmuş ya da para. Kimse duygulardan, sevmekten, aşık olmaktan ya da susup öylece durmaktan bahsetmiyor. Herkes bir şeylere yetişmenin, kendini. Mutlu etmenin peşinde.

Beni onlar anlamıyor ama sen anlıyorsun biliyorum. Bildiğim için sana sesleniyorum, sana yazıyorum.

Çünkü eğer sen beni okuyorsan aynı şeyleri konuşuyoruz, aynı şeyleri hissediyoruz demektir.
Zaten baktığın zaman, bizi bizden başka kim anladı ki?
Ben de bu yüzden anlatmayı bıraktım artık, yazmaya karar verdim.
Şayet bu dediklerimi şu an okuyorsan bana ulaş olur mu? Ve bana şunu yaz:

Dert ortağım!

Biz seninle sonuç olarak dert ortağıyız...
Her şeyi geç, dostuz. Sen bana dert ortağım yaz, iki elim kanda dahi olsa emin ol sana geri dönüş yapıp, "Merak etme, aramızda" yazacağım.

Umarım kafanı çok şişirmedim. Çünkü ben bunu yazarken senin nerde olduğunu bilmiyorum ama ben nerede olduğumu anlatayım...

Erenköy'de saat 20:34 sıralarında bir kafede oturmuş, üstümde bir hırkayla sana bunları yazıyorum. Masamda bir kahve ve sigaram var. Karşımda Ece ve onu çok seviyorum.

Her yerden kaçmak isterken gene insanların içinde buldum kendimi ve sana şunu demek istedim:

Artık güçlü olman gerek, hatta artık güçlü olmamız gerek. Çünkü bizi bizden başka kimse anlamayacak. Anlatsan da anlamayacaklar. Anlamasınlar. Canları sağ olsun.

Ben sen olduğun sürece buraya yazmaya devam edeceğim. Neden dersen, senden başka kimsem kalmadı çünkü...
Babaannem yok ve toprak aldığını geri vermiyor. Ben de oturmuş onu özlüyorum. Tek ailem oydu, sen de biliyorsun...

İşin sonu nereye bağlanıyor biliyor musun? Senle bana. Hayat çok kısa, ne istersen onu yap. Okul okumak istiyorsan oku, çalışmak istiyorsan çalış, hayallerinin peşinden koş, seviyorsan söyle, gitmek istiyorsan git...

Şayet benimleysen, şimdi bana dert ortağım yaz. Dilediğin yerden mesaj at, içindekini paylaş, ben dinlerim seni, merak etme.

Sevgili dert ortağım, şu anda kahvemden son yudumumu alırken sana şunu demek istiyorum:

Seni hiç tanımadım, şu an ne yapıyorsun bilmiyorum ama seni seviyorum, her zaman da seveceğim. Biraz sana mektup gibi oldu ama kusura bakma. Merak etme, ilerideki sayfalarda başımdan geçen her şeyi yazıp, bol bol dertleşip, bazen gülüp, bazen ağlayacağız...

Sen sen ol, şunu unutma:

Bazı yaralar vardır ne kadar yara bandı yapıştırırsan yapıştır kan durmaz dikiş atmak gerekir...

Sen çok güçlüsün, hiç kimsenin seni üzmesin izin verme!

Size verecek mutluluğum kalmadı.
Şimdi, hepinizden uzaklaşma vakti.

Yok Gibiyim

Var ama yok gibiyim duygusunu hissediyorsan içinde merak etme, bir çoğumuz da zaten var ama yok gibi.

Çünkü insanlara sesimizi çıkarmaya tenezzül etmiyoruz. Aslında yok değiliz, sırf onlar hak etmediğinden, anlamayacağından, o kapasiteleri olmadığından. Farkında değil misin, herkesin bir fikri, herkesin bir düşüncesi var. Herkese kulak asıp, herkesin istediklerini yapsaydık, şu an sen sen değildin, ben de ben değildim. O yüzden biz önümüze bakmalıyız, hayatta güçlü olmalı, her zaman bildiklerimizi yapmalıyız. Birileri nefret bile kussa, yok saysa, görmezden de gelse, biz sevgiyle yaklaşıp bir güneşin doğuşu gibi yeniden doğmaya çalışmalıyız. Kimse için değil, kendimiz için.

Hayat zor farkındayım, ne yapacağını bazen bilmiyorsun ama hiç değilse sevmeyi biliyorsun bu az şey değildir. Hem ne olmuş yalnız kaldıysan? Ne kaybedeceksin? Daha fazla neyi yitireceksin? Bırak onlar kaybetsin, her seferinde bu da mı gol değil demektense gelişine vurup devam etmelisin.

Sonuna kadar inandım ben her şeye, göze aldım her şeyi. İnadına seveceğim, iyi bir insan olacağım, kimse beni yenemeyecek dedim. Nitekim de öyle oldu. Kimse beni yenemedi, sadece yendiklerini zannettiler. Yendiklerini, düşürdüklerini düşündüler ama ben her seferinde daha da güçlü ayağa kalktım. Hem benim tanıdığım en güçlü insanlardan biri de sensin, emin ol buna. Bakıyorum da etrafıma, şu hayatta neler gördün geçirdin, o berbat aşk hikayeleri, yalanlar, aldatılmalar, maddi sorunlar daha neler neler...

Ama hiçbiri seni yıkamadı. Bunlarla mı yıkılacaksın?

Hayat gülümsemeyle güzel diyorlar ya...
İçinden gele gele güleceksin, öyle sahte maskeler takarak değil. İçinden gelmiyorsa da gülmeyeceksin, olmak istemediğin yerde durmayacaksın, sabredeceksin bir gün olur ya gelir diye. Bir gün olur da karşıma çıkar doğru insan, doğru iş, doğru ev, doğru yuva...
Hiçbirinden umudunu kesmeden devam edeceksin.
Güçlü olmak demek ayakta durmak değildir sadece, güçlü olmak her şeyle başa çıkabilmektir; hatta biliyor musun bazen ağlamak bile güçlü olmaktır, hayata kafa tutmaktır. Ağlıyorum ama buradayımdır, gitmiyorumdur, gidemiyorumdur. Çünkü fıtratımda yok demektir.
Hayat geçiyor be arkadaş...
Hayatı yakalamadan da olmuyor. Sen sen ol ama onlar gibi olma. Kimse için üzülme de diyemiyorum bak, yeri geliyor evet üzülüyoruz ama sen çok da hırpalama kendini olur mu? Bir defa geliyorsun bu hayata arkadaş, bir defa! Unutma bunu...
Ölüm var be...
Ölüm var ölüm...
Vallahi çok da itelememek gerekiyor bazı şeyleri.
Bazen olmuyorsa olmuyordur, çok zorlarsan kırılır elinde kalır. Keşkelerle geçirirsin hayatını.
Sen keşke demeden, ben sadece bir arkadaş olarak yanında olup sen güçlüsün demeye çalışıyorum işte...
Zaman geçmeden, güneş batmadan, yağmur yağmadan hazırlıklarını yap.
Herkese, tüm dünyaya, bu sefer önünde duvarların olsun istediğin zaman yıkabileceğin. Hak edenleri içeri al, hak etmeyenler kalsınlar dışarıda. Mutlu etmeye çalışma. Mutlu ol. Sen, dedim ya, neler gördün geçirdin. Bazen var ama yok gibiyiz

biliyorum, vardım ama görmezden geldiler.

Ama bilmiyorlardı, ben görünmezdim zaten, onlara gözükmek istemedim.

Seni seviyorum, unutma bunu.

Bugün görünmez değil görünür ol, herkes görsün seni...

Olduğun halinle,
kendin gibi,
kimseye benzemezken...

O

kadar

güzelsin ki...

İstersen Her Şeyi Yaparsın

Kendini çaresiz, hiçbir şey yapamayacak gibi hissediyorsan merak etme, ben de öyle hissediyordum, ta ki bir sabah her şeyi s*ktir edip önüme gelen her şeyle ilgilenmeye başlayana kadar...

Bunu ciddi anlamda söylüyorum, elinden gelen, canının gerçekten istediği her şeyi yapabilirsin; hatta sana şu bilgiyi vereyim, dünya üzerindeki her insan bir müzik aletinin en ustası olabilirmiş, biliyor musun? Bu sadece istemekle alakalı, sen o istediğin şey her neyse, onu ne kadar istiyorsun sadece bunu düşün.

Bu her şey için geçerli, sen de resim çizebilir, sen de o gördüğün kaslı vücudu yapabilir ya da bir müzik aleti çalabilirsin. Tek yapman gereken şey kendine inanman ve önüne ne çıkarsa çıksın, tüm engellerle başa çıkman. Bu hayata bir kere geliyorsun, engellerin olmasın önünde, buna izin verme.

Neden mi diyorum bunu? Üniversitede okurken görme engelli bir hocam vardı ve piyano çalabiliyordu notaları görmeden. Engel diye bir şey yok aslında, istek diye bir şey var, azim var, çaba var...

Mesela sigortacım Serhat Eronal, hiç dinlediniz mi onu? Duymuşsunuzdur belki, Tedx konuşmalarını defalarca dinledim ve o kadar güçlendim ki. Resmen hayata bağlanmak için bir idol kendisi, her zaman da öyle olacak benim için.

Tek bir cümlesi var:

ASLA PES ETME

Sen de Serhat abi gibi olabilirsin, hayata o pencereden bakabilirsin. Onun hayatı zorluklarla geçmiş bir tekerlekli sandalye üzerinde. Yürümeyi bilirken yürüme yetisini kaybetmiş ama asla pes etmemiş! Sen de etme. Hayata kafa tut. Her zaman elinden geleni yap. Elinden gelenin fazlasını değil ama elinden geleni yap en azından. Aşık olacaksan ol. Susacaksan sus. Duracaksan dur. Müzik yapmak istiyorsan yap, resim çizmek istiyorsan çiz. Hayallerin neyse onu yap, peşini asla ve asla bırakma. En önemlisi, dışarıdan ne etki, ne engel geliyorsa gelsin önüne. Bir işini, iki kendini yarım bırakma.

Bir insan hiçbir zaman kendini eksik bırakmamalı. İzlemeli, okumalı, öğrenmeli ve her zaman umutla hayata bakmalı. Diyorum ya, bakış açını değiştir. Sen en güzel bakan, en güzel konuşan, kalbiyle gören, hep iyiyi gören ol. Neye inanıyorsan, inan istersen krem peynire tap hepsinin finali aynı, iyi insan olmak. İyilik yap, iyilik bul. Enerjin iyi olursa iyiliği kendine çekersin. Her neye inanıyorsan inan, her ne yapıyorsan yap ama iyi insan ol.

Çünkü kötü insanlar bu dünyada kazanarak kaybetmeye mahkumlar.

Bu cümleyi unutma ve düşün.
Sen her şeyi yapabilir, iyi bir insan olabilir, kendine hayran bırakabilirsin.
Senden çok şey yapmanı isteyenler ilk önce kendileri yapsınlar o talep ettikleri şeyleri. Kimseye kafanı takma, sadece sen ol. Seni sen olduğun için sevsinler. Artılarınla, eksilerinle, her şeyinle...
Çünkü sen istersen, HER ŞEYİ YAPABİLİRSİN.

Aynı Serhat abimin dediği gibi, ASLA PES ETME!

Sargıların hazır elinde,
yaralarını görüyorsun
ama sarmıyorsun.

İnan Bana Geçecek

Hiçbir şey geçmeyecek diye kendini paralıyorsan içinde, merak etme her şey geçecek... Nereden mi biliyorum? Kendimden. Hayatımın on yılı tek bir insana adanmışken şimdi arkama bakıp gülümseyebiliyor ve ona teşekkür ediyorsam, her şey geçmiş gitmiş demektir. Peki bu kadar kolay mı diye sorarsan, hayır bu kadar kolay olmayacak elbette. Çok gece uykusuz kalıp onu düşünerek uykuya dalıp, çok gece rüyalarından uyanacaksın. Sabah uyandığında dün gece içtiğin sigaranın tadı ağzında, rezil sabahlara günaydın diyeceksin ve her gece neden geri dönmüyor neden beni sevmedi, eksiğim nedir diye diye kendi kendini yiyeceksin.

Ama sana bir şey diyeyim mi, senin hiçbir eksiğin yok bir tanem. Çünkü bazen bir şeyler olmuyorsa olmuyordur. Etrafındaki insanlara değil sadece kendine bak, senin ne eksiğin var ne de kusurun. Bazen bazı insanlara kalbini bırak, hayatını da versen, hatta dünyaları versen gene de seni sevmiyorsa maalesef sevmiyordur ve birine zorla kendini sevdiremezsin. Bunun farkına vardıktan sonra anlayacaksın ki her şey biraz daha rahatlamış olacak. Evet kabul etmek çok zor, başkasını sevebiliyorken beni neden sevmedin diye soruyorsun ona içinden. Sorma. Cevap her zaman farklı olacak. Kendine alternatifler bulacağına tek bir şeye odaklan ki, o da kendinsin. Odaklandıkça kendin olacaksın, her şeyle başa çıkmayı bileceksin, biri seni sevmedi mi, sevmesin, devam diyeceksin. Kötülük mü yaptı, devam diyeceksin, çünkü ne sana ne de bana kaybetmek yakışıyor. Durmak, bizi bıraktıkları yerde kalakalmak yakışmıyor bize.

Çünkü kim duruyorsa bak onlara aynı yerlerinde sayıyorlar. Dünya, zaman her şey akıp gidiyor. Kendini bir inşaat gibi düşün, her tuğlada daha çok olgunlaşacak, her katı çıktığında daha çok yükseleceksin. Kendini şu anda yerin dibinde hissediyor olabilirsin ama hiçbir şeyin senden önemli olmadığını zamanla göreceksin.

Şimdi biliyorum, zaman diyorsun da ne zaman diye soruyorsun kendi kendine, yeter artık, gelsin şu zaman diyorsun. Ama şunun farkında değilsin. Bu sadece senin elinde; unutmak, ayağa kalkmak, devam etmek, yeniden sevmek bile. Her şey senin elinde. Sen ayağa kalkmaya, devam etmeye karar verdikten sonra zaman da su gibi akacak, acılar da teker teker iyileşecek. Yalnız kalabilirsin, kendini herkesten uzakta hissedebilirsin ama unutma, herkes güçlünün yanında olmak ister ve sen bunu başarabilirsin.

Denizlerde boğulacak hale bile gelsek, her zaman bir umut vardır.

Umut her zaman vardır.

Kullanabilene.

Kabullenebilene.

Kabul etmeyi bilene.

Kabul et, umut et ve devam et.

Sargıların hazır elinde, yaralarını görüyorsun ama sarmıyorsun. Yapman gerekeni sen de ben de çok iyi biliyoruz. Devam et! İnan bana geçecek. Kötü hissetmen şu anda çok normal. Ama artık yapman gerekeni yapmanın vakti geldi.

Ayağa kalk ve devam et.

Benim için. Ailen için. Kendin için...

İyi ki o hatayı yaptım,
iyi ki aldandım,
iyi ki yaralandım.
Başka türlü iyileşemez,
ayağa kalkamazdım.

Meğer Neler Kaybetmişiz

Eğer kendine, bu sefer benim yüzümden her şey bitti diyorsan merak etme, bir çoğumuzun başaramadığını yapıyorsun. Kabul ediyorsun. Bazen bazılarımız kabul etmiyor, kabul edip yola devam etmeyi başaramıyor.

Sen hiç değilse bunu kabullenip, ne yaptığını biliyorsun. Git özür dile diyemem, fakat hiç değilse bundan sonra ne hata yaptıysan tekrarlamamayı öğren.

Bazen hatalarımız bizi büyütür, kaybettiklerimiz birer kemer şeklini alır, bir babanın elinde sırtına iz bırakır. Bazen de susarak attığın çığlıklardır kaybedişlerin. Hayatında ilk kez, sevdiğin birinin cenazesine gider gibi. Hayat öğretir ama bazen de biz kendi kendimize öğreniriz, kabul ederiz. Bazen özür diler, bazen de susar, kendimizi bir rüzgâra bırakırız.

Ne yapmak istiyorsan onu yap ama kaybedişlere neden olan hatalarını bir daha tekrarlama.

Diyelim ki sevgilinle senin yüzünden bitti, nedenini sormayacağım, herhangi bir sebepten olabilir bu. Bir daha aynı şeyleri yapar mısın canının yine yanacağını bile bile? Ya da şunu diyor musun hiç, bir kere daha olsa gene aynısını yapardım, hiç pişman değilim? Diyorsan, orada bir sorun var demektir, hayat sana daha öğretmemiştir öğrenmen gerekenleri. Ne yapmış olursan ol, ne kavgalar olduysa olsun, en büyük erdem nedir biliyor musun?
Özür dilemek.

Özür dile. İlk önce kendinden özür dile bu hallere düştüğün için, sonra da kime ne yaşattıysan ondan. Başkalarının senin özrünü kabul edip etmemesiyle alakası yok bunun, sen kendin için yap bunu. Sana yakışan bu olduğu için özür dile, şayet kabul etmezse bu ona ait bir durum, inan o da seni ilgilendirmez. Sen kendine yakışanı yap, gerisini sadece bırak.

Ve devam et. Eğer ki kabul ederse bu çok güzel bir şey. Ama sen özür dileyip yine aynı şeyleri tekrarlama.

Özürler de anlamını yitirir çünkü bir noktadan sonra, ilk özürden sonra aynı hatalara düşmemek karşı tarafa verdiğin değeri gösterir. Özür dileyip ilk kendine sonra karşındakine söz veriyorsan ve tekrarlamıyorsan bu çok kıymetli bir şeydir. Sen büyüklüğünü yap, hatanı anla ve ondan sonra gelecek kimseye ya. Da aynı kişiye aynı hataları yapma yeter. Kaybettiğimiz şeyler her neyseler onlar bizi büyütürler dedim ya, aynen öyle. Hayat devam ediyor, devam ettikçe büyüyoruz, büyüdükçe daha da anlıyoruz. Her yaşın bir anlamı var diyorlar ya, eksik söylüyorlar aslında; her saatin, her dakikanın bir anlamı var, her saniye büyüyor ve her saniye aslında geri kalan günlerinden kaybediyorsun.

Bunu güzel mi geçirmek istersin, yoksa sahte bir şekilde ve kaybederek mi?

Önce kendine yalan söyleme, kendine karşı dürüst ol, hatalarını kabul et. Kafanı dik tut ve hayatını en güzel şekilde yaşa. Hiç kimse için değil, kendin için yaşa; çünkü her yaptığın hata, her kayıp önce sana sonra etrafındakilere zarar vermeye başlar. Ne kendini kaybet, ne de bir başkasını. Şayet karşındaki senden gitmek istiyorsa bırak gitsin, bir şeyler gidiyorsa daha iyisinin gelip seni bulması için gidiyordur.

Sadece sabret. Kaybettiklerinle barış, ilk kendinden özür dile.

Ben şu anda, şu saniye kendimden özür diliyorum bu zamana kadar boş şeylere üzüldüğüm için.

Peki sen ne için kendinden özür dilemek istersin şimdi?

Onunla tamamlandım
sanırsın.
Oysa eksilmen
bir veda kadar
yakındır.

Yarım Kalmak

Eğer sen de "o beni yarım bıraktı" diyorsan merak etme, kimse tam değil.

Herkes yarısını aramakla ya da kayıplarını tamamlamakla meşgul. Sorun onu unutmak değil, sorun ona hiç ulaşamamak, bütün sorun burada...

Şimdi elini tutsam da hiç konuşmasak diyebilirsin, bazen de tüm gün kavga etsek kabul ama sonunda birbirimize sarılarak, ağlayarak barışsak diyoruz. Olmuyor.

İnsanı en çok da şu keşkeler yoruyor. Keşke etmeseydim o lafı diyorsun, keşke tutsaydım dilimi, keşke yapmasaydım diyorsun...

O keşkeler olmasa ne kadar güzel olurdu değil mi? Ya da keşke o lafı etmeseydi, keşke yalan söylemeseydi, keşke aldatmasaydı diyorsun. Onunla kurduğun hayallerin hepsini önüne bomba gibi koyup öyle bir patlatıyorlar ki sonra kimseyi ne sevebiliyorsun ne de kimseye güvenebiliyorsun. Çünkü biliyorsun, yeni birisi gelirse o da aynısını yapacak, o da yakacak canını.

Yok öyle şey arkadaş! Ben artık kimsenin beni üzmesine izin vermiyorum.

Sevseydi gitmezdi dedikten on dakika sonra artık daha güçlüyüm diyorum. Keşkeler dolu hayatıma bir keşke daha eklemektense yalnızlığı tercih ediyorum çünkü ben artık kaybetmekten, sevilmemekten, sürekli yarım kalmaktan bıktım; bıkmayı bırak yoruldum...

Kendimle tartışırken buluyorum hep kendimi. Ne yaparsam yapayım sonunda bütün faturalar bana kesiliyor, her faturayı.

Misliyle ödeyen hep ben oluyorum.

Yine!

Ve yine!

İlişkilerin üzülmüş, kırılmış, parçalanmış tarafı ben olurken, insanları hiçbir şey olmamış gibi kendi hayatlarına devam ederken görüyorum. İstedikleri kadar devam edebilir, hatta koşabilirler. Ama ben de yalnızlığı seçip yarım kalmayı reddediyorum. Artık kimse beni yarım bırakamayacak, kimse beni üzemeyecek, kendime söz veriyorum.

Herkese üç şans verip, daha ikincisinde kırılıp dağılmaya başlıyorum. Karşımdakine değil, kendime kırgınım en çok. Yine aynısı olacak diyorum mesela, o da gidecek, o da yarım bırakacak...

Farkında değil misin herkese kendimizi beğendirmeye çalışmaktan kendimizi unuttuk. Şunu fark ettim, ben en başta kendimi yarım bırakmışım. İlk ben kendime ihanet edip, kendime yalan söylemişim. Kendimden özür dilemeye yüzüm bile yok ama gene de özür diliyorum. Sabahları uyanıp artık sadece yalnızlığıma günaydın diyorum. Kendi kendinle mutlu ol, sen kendine yetersin diyorum. Nasıl olsa herkes seni bırakıp gitmeye programlanmış gibi, zaten kim kaldı ki yanında? Nerede o söz verdiğin, birbirimizi hiç bırakmayacağız dediğin sevgilin? Nerede? Hayaller kurdunuz, çocuklarınız, güzel bir yuvanız olacaktı, nerede o çocuklar şimdi, o yuva nerede? Herkes yalancı, herkes palavracı olmuş. Geliyorlar, kendilerini aşık ediyorlar, sonra da arkalarına bile bakmadan, insanları yarım bırakıp kendi kendine terzilik yapıp yaralarını bir kumaş gibi dikmeni bekliyorlar. Kimse kusura bakmasın, ben ne terziyim ne de açtığınız yaraları iyileştirebilecek bir doktorum. Benim tek bir doktorum var, o da kalbim. Kalbimin sesini dinleyerek şunu diyorum kendime:

"Yeterince kırıldın. Yeter artık, buna izin verme..."

Sen de izin verme.

Ben kırmaktan, kırılmaktan, bana yaşatılan her şeyden o kadar yoruldum ki, kendi yalnızlığıma kadeh kaldırıp kaldığım yerden devam ediyorum şimdi.

Her ne kadar sınıfta kaldıysam da, bir üst sınıfın hayalini kurmaktan hiç vazgeçmiyorum. İlk önce kendime sonra sana söz veriyorum ki bir daha aynı hataları ne ben yapacağım ne de bana yapılan hataları tekrar ve tekrar affedeceğim.

Neden mi?

Çünkü hayatta kaybeden sadece ben oluyorum her defasında, herkes hayatına güle oynaya devam ediyor.

Sen de söz ver. Hatalarını kabul edip, kendine sarılıp yoluna devam edecek misin? Yoksa yenilip her zaman ezilen taraf mı olacaksın? Hatalarını, seni, olduğun halinle kabul edip her şeyinle seven insanı bulana kadar yoluna devam et. Sana eziyet edecek, seni yerden yere vuracak insanlardan uzak dur, kendin için yap bunu.

Sonuç olarak hatalarını kabul edebilen bir bireysin artık. Özür dilemenin kimseyi küçülttüğünü görmedim ben bugüne kadar. Özür dile, kendinle barış ve devam et.

Sen bir insansın, duyguların var, hataların var, doğruların var. Bu hayata yaşamak için geldin, iyilikle, güzellikle, saygıyla ve sevgiyle yaşamaya geldin. Hayatına alacağın insanlara dikkat et ki yarım kalmayasın.

Hayatta yarım kalmaktansa bırak onlar 1-0 önde olsunlar, nasılsa bu hayatın bir devresi daha var. O devreyi geri çevirmek senin elinde...

**İlk tanıdığım halinle
hatırlamak için seni,
kendimi bile unutabilirdim.**

İlk Bakış, İlk Gülüş

Eğer onu ilk gördüğün an aklından hiç çıkmıyorsa, merak etme hepimizin öyle...

Ben mesela, onu ilk gördüğüm an içimden dedim ki; seninle evleneceğim ve bunu tüm evrene haykırabilirim şu an...
O kadar istedim ki onun bunu duymasını, anlatamam. O an keşke beynimi okuma gücü olsa da okusa, ne hissettiğimi anlayabilse diye yedim bitirdim kendimi. Yüreğimi avuçlarına bırakayım, orada atsın istedim.

Maalesef her istediğimiz olmuyor.
Neyse.
Sonra Fenerbahçe'de bir mekâna gittik. O kahve söyledi, ben ne söylediğimi hatırlamıyorum bile. Ona o kadar fazla bakmışım, gözlerinde dalıp gitmişim ki kendimle alakalı hiç bir şeyi hatırlamıyorum ama onun her anını tarif edebilirim. Beyaz elbisesini, kollarındaki sivri sinek ısırıklarını, kahvesini içerken sütün dudağının kenarında bıraktığı ize kadar...
Kendi kendime içimden, belki de sana layık değilim dedim defalarca. Çünkü ben sokakta büyümüş, sinirli, garip bir adamım. Ben seni üzerim ama senden de kopamıyorum, bu yol nereye varacak hiç bilmiyorum gibi karamsar cümlelerin içinde boğdum kendimi. Gecenin ilerleyen vakitlerinde bir arkadaşımız geldi sonra, o gelir gelmez sohbet etmeye başladık, gözüme bakıp "olur olur, bal gibi olur" dedi...

O olur demese ne olacaktı ki, ben zaten kendi kendime gelin güvey olmaya başlamıştım bile. Şans yüzüme güler mi bilmem ama ilk tanışmam, ilk görüşmem öyleydi onunla. Şayet Allah yazdıysa dualarımın içindekini, kabul olur inşallah. Benim tek istediğim şey iyi olmak, iyi bir adam olabilmek, diğerlerinde yaptığım hataları yapmamak. Zaten aşk dediğin şey çok garip, öyle dikkatli oluyorsun ki, böyle sanki küçük bir çocuğun varmış gibi, canından bir parça gibi, anlıyor musun? Biliyorum anlıyorsun, çünkü sen de o naif duyguları taşıyorsun yüreğinde.

Eğer bir gün giderse benden, bana en azından bu duyguları yaşattığı için teşekkür ediyorum ona. Çok uzun yıllardır böyle duygular yaşamamıştım ve çok mutlu olsun be...

Ben ona yetemezsem bir gün, dilerim çok mutlu olur, dilerim çok aşık olur ve aradığını bulur. Bazen aynada kendime baktığımda sen iyi şeyleri hak etmiyorsun diyorum, sonra geçip gidiyor bu düşünce ama anlatamıyorum işte.

Şayet bir gün benden giderse ve seninle tanışırsa eğer, gelecekteki sevgilisi, sabah kalkar kalkmaz kahve içer, suyu ısıt, içine iki şeker at ve bir tatlı kaşığı kahve koy. Dök içine, yarısına gelince fincanın üstüne süt ekle. Bunu bana düşman ol diye değil, seni daha çok sevsin diye yazıyorum. Sinirlenirse bırak gitsin. Biliyorum bırakmak zor oluyor ama sen onu kendine bırak, geri dönecektir. Umarım çok mutlu olursunuz. Ama benimle beraber olacaksa da, Allah yazdıysa dualarıma onu, benimle olduğun için, her zaman benim iyiliğimi düşündüğün için, beni her zaman sevdiğin için teşekkür ederim sana prensesim. Bazen hayat, bir insan yanında dururken ona mektup yazdırır. Aşk bu, insana çok şey yaptırıyor. Umarım sen de aradığın aşkı bulur, yanındayken onu özler, hatta ona mektup yazarsın.

Güzel yüreğin böyle sevmeyi ve böyle sevilmeyi hak ediyor çünkü.

İyi olmaya çalışan adam.

Sercan.

Kazanamayacağım
savaşlarda
yeterince yaralandım.
Meydan da sizin olsun,
zafer de.

Çaresiz

Sen de kendini çaresiz hissediyorsan merak etme, hepimiz çoğu zaman öyle hissediyoruz. Bazen varım ama görmezden gelirler. Her zaman öyledirler, bağırmak istersin duymazlar, koşmak istersin dur derler, gitmek istersin kal derler ama kalmak istediğinde giderler...

Biz hayatta neyi istersek tersi olur, bir kere de benim dediğim olsun dersin, sonra ne diyeceğini unutursun. Bir anne şefkatiyle sana yaklaşan hayat, bir baba tokadı kadar ağır gelir üstüne üstüne. Sonra da ben ne yaptım dersin. Aslında hiçbir şey yapmamışsındır, sadece sevmişsindir...

Sevmek de böyle bir şey işte...

Ne yaparsan yap olmaz, zorluklar hep kapındadır, aşarsın, kurtuldum sanırsın, daha fazlası gelir dayanır.

Aşk demek takatsiz kalana kadar koşacaksın, savaşacaksın demektir. Gerçekten savaşmaya var mısın? Savaşabilir misin? Bir insan için her şeyini verebilir misin? Şimdi gözlerini kapat ve onun gözlerini aklına getir. Cesaretin var mı bu savaşa? Hem de her şey ortaydayken, daha hiçbir şey belli değilken, yenilmek de kazanmak da varken her şeyin sonunda?

Bu kadar zor bir şeye girmek istiyorsan, sen de bizdensin demektir çünkü hayatta ne kadar çaresiz de kalsam her zaman kendi kendime başaracağım dedim. Koşacağım ve savaşacağım dedim, kimse de umurumda olmadı. Umurumda olanlar da kendileri gitmek istediler, yapacak bir şey yok.

Kendimle bu konuda gurur duyarken, bazen utanıyorum da. Utanmak, ezilmek gibi duygular aslında hiç bana göre değilken konu aşk ve sevgiye gelince nedense utanıp kendi içime kapanabiliyorum. Kalbim taştan, yüreğim yangın yeri, bir sabaha uyanıp bugün de bir çay içelim ve devam edelim diyorsam, vardır elbet bir sebebi diyorum kendi kendime.

Dünya bir küçük çocuksa, ben aile reisi gibi hissediyorum kendimi, sen de bazen öyle hissetmiyor musun? İnsanlara laf yetiştirmektense kızıyorsun ve arkanı dönüyorsun. Yeter bu kadar çaba, gerek yok bu kadar tatavaya diyorsun. Kafamı yastığa koyduğumda vicdanım rahat ediyorsa şayet, her şeye gözlerimi kapatıp devam ediyorum. Büyük ordular yaratıyorum içimde, benimle beraber savaşacak güçler topluyorum kendime ve tüm dünyayı bırak, bazen kâinata kafa tutuyorum kendi içimde.

Yalnızım ama güçsüz değilim.
Sustum ama konuşmaktan da korkmuyorum.
Dargınım ama kırılmadım.
Küstüm ve barışmayacağım.

Çünkü küsmek aslında "barışmak istiyorum, hadi özür dile" demektir ya hani, küsmek, "gitmek istemiyorum, gidemiyorum"dur ya...
Ben gidiyorum, gitmek istiyorum artık...
Ne hayatla ne de beni yarım bırakan kimseyle barışmayacağım. Sonum ne olur bilinmez. Bazen her şeyin ilki değil, sonu olmak güzeldir.
Nasıl olsa mutlu ilk diye bir şey yok, mutlu son var... En kalıcı olanı mutlu sonlardır. Başlangıçtan sona kadar ne yaşanırsa yaşansın, belirleyici olan sonlardır.
Hayata yeni gelenlere kolaylıklar diliyorum.
Ben yeteri kadar savaştım, olay yerini size bırakıyorum.
Ama ölmekle değil, yaşayarak dünyaya kafa tutuyorum!

Özlemlerden bir okyanus var
içimde.

Özlemekten
boğuldum.

Zamanla Yarış

Eğer sürekli saate bakıp ne zaman işten çıkacağım, ne zaman okul bitecek, ya da ne zaman evime ulaşıp biraz da keyif yapacağım gibi beklentiler içerisindeysen sürekli, merak etme, hepimiz aynı hayat içerisinde savrulup gidiyoruz.

Masum beklentiler içerisinde çırpınan masum insanlarız hepimiz. Gerçi masumiyet en çok annelere yakışıyor, bir de henüz hayatın kirletemediği bebeklere. Biz belki de kendini masumiyet maskelerinin ardına gizlemişiz canavarlarızdır, olamaz mı? Hayat fazlasıyla kirletmedi mi bizi? Bebek halimizdeki saflıktan, masumiyetten şimdi ne kaldı elimizde?

İlk aşkım geldi aklıma...

Dudağımda ince bir tebessümle kendime hayret ettim biraz. Nelerden geçmişim, neler için üzmüş, yıpratmışım kendimi. Kimseye kulak asmadan, anne sözü dinlemeyen bir çocuk gibi ve hatta kendime bile kayıtsız kalarak...

Yaptıklarımı da, bana yapılanları da unutmadan, kafamda bir filin hafızasıyla boğuşarak öylece duruyorum cam kenarında... Bir kahve yapan olsaydı da karşılıklı içseydik şimdi birlikte. İşte böyle keşkelerle geçip gidiyor hayat, pencere önünde, hiçbir şeye aldırış etmeden yürüyüp giden insanlar gibi. Oysa ne büyük şanstır sana aldırış eden bir insanın olması hayatında. O cam kenarında onunla karşılıklı oturup kahve içmek, kahvenin dumanına karışan sevgi sözcükleriyle ısınan bir ev... Duvarlarında sevgi sözcüklerinin yankılandığı bir evde yaşamak hakkıydı belki de en temel insan hakkı. İnsandan en çok sevgi esirgendi çünkü, başımıza da ne geldiyse sevgisizlikten geldi.

Şayet bir gün, sonunda buldum sandığın o şans kapıyı vurup giderse son sevgilin gibi, ya da anneni aldatmak için ardına bakmadan çekip giden baban gibi... İşte o zaman hayatında küçücük de olsa "sen benim şansımsın" diyebileceğin bir şeyinin olmaması ne demektir anlıyorsun.

Şans güzel şey evet, değerini bilene. Elde ettiği, sahip olduğu şansları heba edenler var bir de. Kaybettikten sonra yaşanan pişmanlığını acısını bilir misin? Bir daha yerini kolay kolay dolduramayacağın birini kaybetmenin acısı ömürlük bir acıdır. Yüreğini yüreğinde duyduğun, şansım dediğin insanı asla kaybetme. Çünkü ona sahip olmak, etrafında yığılı tonlarca gereksiz insana bedeldir. O hepsine değerdir.

Değer demişken...

En son ne zaman bir şeylere değer verdin, onları gerçekten sahiplendin?

Son zamanlarda kimse kimseye sahip çıkmıyor, değer vermiyor, herkes kendi gemisi batmasın telaşında. Değersiz olmak ya da öyle görünmek ne kadar zor. En zoru da görünmez olmak.

Yine de ben öyle bir süper gücüm olsun isterdim. İstediğim an kaybolsam, gözlerden uzak bir yerlere gidebilsem ama ne kadar uzağa gitsem de arkamdan olup biten her şeyi görebilsem. Acaba ne kadar seviyorlar beni? Ben gidince üzülen olur mu acaba? Eğer olursa onlara sarılıp ağlamak isterdim uzun uzun. Ağlamayıp ne yapalım, içimizde mi tutalım gözyaşlarımızı? Gerçi bugüne kadar içimizde tuttuklarımızdan bir okyanus yarattık içimizde ama hala boğulmadık.

İnsan kendi okyanusunda boğulur mu hiç?

Belki de hayallerime, gözyaşlarımdan oluşturduğum okyanusun üzerinde yelken açar, istediğim yere gider, istediğim yerde kaybolabilirim, kim bilir?

Benim çok şeyim kayboldu biliyor musun? Çocukluğum mesela. Hem çocukluğum kayboldu, hem de içimde saklamaya çalıştığım çocuk...

Hissedemiyorum onu, benden çok uzaklarda artık biliyorum. Benimle birlikte büyümek istemedi belki. Bu dünyanın kiri pası ona da bulaşmasın istedi ve ansızın, haber bile vermeden gitti benden.

Benim çocukluğum eğer benim yüzümden gittiyse benden uzaklara, ben ondan şimdi senin önünde özür dilerim.

Canım çocuk...

Böyle olmasını istemezdim, inan.

Mutludur belki de gittiği yerde. Bu duyguya tutunuyorum. Belki en azından o çocuk mutludur bende uzakta bir yerlerde. Belki bir gün yeniden kavuşuruz, sarılır ağlarız...

Neden olmasın?

Şimdilik sen sarılır mısın bana?

Bana sarılıp, benimle ağlar mısın?

Kendi yalnızlığında daha da kalabalık insan.

Senden Vazgeçemiyorum

Eğer sen de elimden gelen her şeyi yapıyorum ama vazgeçemiyorum diyorsan merak etme, herkes bunu yapmakta çok zorlanır oldu. Zaten olay aslında vazgeçebilmek değil, ona gerçekten ulaşabilmek.

Satırların arasında saklanmış göz kırparken tüm dünyaya, bazen de içimden ne geçiyorsa onu yapmak istiyorum. Mesela şu an kapısına dayanıp, "insene aşağı, beni sevmediğini biliyorum, önemli değil, bari göreyim karşılıklı bir sigara içelim" diyesim var da, sonra ne gerek var diyorum. Yani ben ondan vazgeçemiyorum diye benden vazgeçmiş birinin kapısına gidip kendimi sevdirmeye çalışmak bana yakışmaz; beni bırak kimseye yakışmaz.

Çünkü bir şey olmuyorsa, koşulları zorlasan da olmuyordur. Olmayınca da dünya kâbus gibi bir yer oluyor, farkındayım. İçimde dışımda aynı şeyler gelirken üzerime, içimi dışıma getiren olayların içinde savrulup duruyorum...

Bazen keşke bir kuş olsak diyorum. Gitsek oradan oraya özgürce. İçimde uzun zamandır bir gitmek isteği. Nereye olduğu önemli değil, sadece gitmek. Ama gel gör ki şu an evi bile terk edemiyorum. Ödenmesi gereken kira, faturalar, sorumluluklar... Tüm bunları düşündükçe neden bu dünyaya geldim ki diyorum bazen, pes etme noktasına geliyorum.

Yani benim bu hayatta olma sebebim amacım birine âşık olup, güzel, keyifli ve huzurlu bir hayat yaşayıp yaşlanmak mı, yoksa fatura ödeyerek, birilerini zengin ederek bir yerlerde çalışıp didinip kendi hayatımı heba etmek mi?

Hiç düşünmüyor musun sen de, ben çalışıyorum ama patronum zengin oluyor diye? Ne birikim yapabiliyorum, ne de başka bir şey. Kendimi mutlu edecek, hayatın dört duvardan ibaret olmadığını gösterecek hiçbir şeyi yapamıyor olmayı hak etmiyor insan. Kendi için, ailesi için, zor zamanlar için az da olsa bir birikim yapılabilmeli ama nerede?

Zaten birikim dediğin şey ilk başta dost, sonra paradır ya... Galiba ben ikisini de beceremedim. Elimi nereye atsam kurudu ama yalnız olmaktan hiçbir zaman korkmadım, korkmayacağım da.

Yalnızlık, benim bu zamana kadar giydiğim en güzel gömlek, ne çıkarırım ne de üstüne başka bir şey giyerim. Çünkü sen de ben de iyi biliyoruz ki, ne zaman birini sevmeye kalksak, ne zaman artık bir değil ikiyiz desek ya terk edildik, ya aldatıldık, ya sevilmedik.

Ulan derdiniz ne diye haykırmak istiyorum yüzlerine.

Ne güzel mutlu mesut, yalnız başıma, kafam ağrımadan kendimle sohbet edip konuşuyordum, ruhum bunaldı yine.

Madem sevmeyecektiniz, neden hayatıma girip yalnızlığımı üstümden aldınız? Yalnızlık denilen şey sizin gibi değil, yalnızlık terk etmez, yalnızlık yalan söylemez, yalnızlık aldatmaz. Yalnızlık ne yapar biliyor musun?

Küser.

Arkasına bakmadan gider yalnızlık, senin ona tekrar dönmeni bekler. Dönünce hemen kabul eder ama yüzüne bakmaz bir müddet. İlk önce onunla barışman gerekir. Yalnızlık denilen şeyin gönlünü almazsan sana asla huzur vermez. Ama ne zaman birbirinize alışırsınız yeniden, o zaman işte alır seni kalbinin içine sokar.

İnsanları yalnızlıklarından, o değerli sığınaklarından ayıracaksanız sevin ulan işte. İnsanların hayatlarına girip altına üstüne getirmeyin, toplaması bazen günler, bazen aylar, hatta yıllar sürüyor. Kalp almak kolay, önemli olan aldığın o kalbi kırmamak. İnsanları kırarak odun niyetine ısınmak için yakıyorsunuz. Ama küllerinden doğamıyorlar işte anlayın. Kimse bir Anka Kuşu değil ki küllerinden yeniden doğsun.

Kırmayın. Yakmayın.

Ben en çok
kendime inancımı
yitirdiğim zamanlarda

inandım
kendime.

Geldim Yarısına

Eğer hayatı kaçırıyorum, peşinden koşsam da yakalayamıyorum diyorsan merak etme, o iş sandığın kadar kolay değil zaten.

Hayatın yarısına geldik diye bir şey yok mesela, bazı şeyler yaşla ölçülmez. Sen kalbinin, ruhunun, içindeki çocuğun olduğu yaştasın. Şu an benim yaşım otuz iki ama ben kendimi hala yirmi iki yaşımdaki gibi hissediyorum. Olduğum yerde hala oyun oynuyor, çocukça hayaller kuruyorum, hayallerimizi kimse elimizden alamaz en azından.

En son ne zaman hayal kurdun? En son ne zaman bir şeyin rüyasına yattın?

Ben her gece istediklerimi hayal edip, sonra da rüyasına dalarak uyuyorum ama çaba da gösteriyorum aynı zamanda. Yok öyle evde oturayım, hiçbir şey yapmayayım ama bütün hayallerim hemen gerçekleşsin. İlk önce çaba sarf edeceksin, sonra rüyasını hak edeceksin. Ne istiyorsun mesela? Yazar mı olmak istiyorsun, yaz. Koşmak mı istiyorsun, koş. Okumak mı istiyorsun, oku. Ama elinden geleni yap istediğin şey için. Merak etme, bu dünyada hayal etmek en kolay şey. Önemli olan uğruna çabalamak. Kimse için değil, kendini kimseye kabul ettirmek için değil, kendin için çabalayacaksın. Çabalamadan, başarmadan asla bilemezsin. Uğruna çabaladığın şeyi. Gerçekten isteyip istemediğini bile bilemezsin.

Bu zamana kadar neler yaptım...

Müzik yaptım, dizi çektim, okudum, Galatasaray'dan mezun

90

oldum, şimdi de yazıyorum, durmadan yazıyorum, senin için, benim için, dertleşmek için.

Yanımda sandıklarımın yanında yalnız kalıp savaş vermektense, kendim için savaş vermeyi kabul ediyorum ben.

Sorumsuz bir şekilde yol almaktansa, sorumluluklarımı üstlenip hadi bir daha diyorum kendime, gelişine vuruyorum ama her vurduğumun gol olmasını istiyorum. Bir amaç olmadan gösterdiğin çaba da hiçe denktir çünkü. Gol atmak istemiyorsan şut çekmenin ne anlamı var?

Evet belki mükemmel bir insan değilim ama kendime insanım diyorum en azından, önemli olan iyi bir insan olup koşabilmek, inanmak, vazgeçmemek, sürekli umut etmek, hayalini kurabilmek bir şeylerin...

Kaldırıma çarpmadan betonun ne kadar sert olduğunu hissedemezsin.

İlk önce betonu hisset, sonra betonun kendisi ol.

Her önüne çıkan engelden atlamayı bil ama ilk önce düş. Düşmeyi bilirsen kalkmayı da bilirsin. Önemli olan düşmek değil kalkabilmektir çünkü. Her yaptığın şey yeni bir umut, her attığın adım bir adım ilerisi.

Çocukken nasıldı? Emeklemeden yürümeyi, yürümeden koşmayı öğrenemezsin. Düşmedik m? Hem de hiç durmadan düştük ama kalkmayı bildik sonunda. Her düştüğümüzde yeni bir hevesle, yeni bir umutla kalktık ayağa. Öğreniyorduk çünkü hayatı. Görüyorduk, herkes yürüyordu. Derinlerde bir yerde hissediyorduk, bir gün biz de ayağa kalkacak, yürüyecektik.

Sen sen ol, düşmekten değil kalkamamaktan kork.

Şayet yere düşersen kendin ayağa kalk, kendin ayağa kalkmayı öğren. Çünkü bunu bir kez başardığında bir daha kimse seni düşürmeye cesaret edemeyecek, çünkü düşsen de kalkabileceğini onlar da öğrenecekler. Betona çarptıkça o betonun artık senin de bir parçan olduğunu görecekler.

Ben sana inanıyorum. Hayallerinin peşinden koşacağına, kendin olacağına, düşsen bile daha güçlü bir sen olarak yeniden ayağa kalkacağına inanıyorum.

Zaman hızla akıp giderken, sen de durma, peşinden koş. Aşık ol, hayal et ve gerçekleştir. Belki aşık olduğun insan peşinden koşmayabilir, yarı yolda da kalabilirsin ama sen yine de zamanın peşinden koş.

Sana inanıyorum unutma.

Hiçbir şey için geç değil...

Suskunluğuma işlemiyor kelimelerin.

Son bakış

Eğer ki sende benim bir hayatım var ve bu kadar sorumluluğun altında hayatımı yaşayamıyorum diyorsan merak etme, herkesin bir hayatı var ve üstünde ne kadar büyük bir yükün olduğunun farkındayım.

Hayat gâyesi, ekmek kavgası derken hayat geçip gidiyor ve herkese yetmeye çalışıyorsun. Bari bir sevgilim olsun, sırtımı dayayayım, hayatım daha bir anlam kazansın diyorsun ama o da arkasına bakmadan gidiyor. Telden tele uzanan aşk masalları gibi, giderken her şey yarım kalmış gibi. Yeter diyor insan, ama ne olursa olsun yetmiyor bile. Son çevirmeye girdiğimizde üstümüzde hiçbir şey olmadan kimliğimizi gösterip gideceğiz bu dünyadan. Ben gözlerinden anlıyorum senin ne kadar yorulduğunu. Görmüyorum belki ama hissediyorum. Hiç aynada kendine bakıp neler olabileceğini düşündün mü? Tuzak kurmuşlar hayallerimize, onları çalmaya çalışıyorlar, haramiler sarmış yolumuzu, güvenciler bizden habersiz kalmış.

Yaralanmışız arkadaş! Birisi de çıkıp yaranı sarayım, yarana merhem olayım demiyor. Ne olacaktı zaten, herkes yanımıza mı koşacaktı?

Bu her zaman böyle olmuştur. Gel gör halim, ne haldeyim demek isterdim. Utanmadan gidişine ağladım demek isterdim. Ne olursa olsun. Güçlü kalmak zorundayım. Zorundayız. Yaşayarak göreceğiz her şeyi. Öyle ya da böyle yaşıyoruz şimdilik, tek kalsak da güçlü bir şekilde. Ama ben en çok zamana dargınım. Neyi sevdiysem, neye sarıldıysam onu benden çaldı. Neye elimi atsam kurudu, bozkır oldu. Bir gönlüne sığamadım kimsenin, telaş içinde koşarken buldum kendimi hep. Yazık değil mi bana? Bize? Hepimize? Sığamadık kimsenin hayatında küçücük bir yere bile. Ben kaldıkça onlar gittiler, onlar gittikçe ben arkada kaldım, yine de koştum peşlerinden, daha da hızlandılar. Ne zamana yetişebildim ne onlara. Sonra da derin bir iç çektim keşke böyle olmasaydı diye.

Birini camda izlerken bir aldatış hikayesinin peşinde ulak oldum, haber veremedim kimselere, utandım, aldatıldım diyemedim. Dayak yedim, dövdüler diyemedim. Susturdular, konuşmak dahi istemedim. Söyleseydim de anlamayacaklardı zaten.

Hadi alayım bana kötülük yapan herkesi karşıma, bana böyle böyle yaptınız diyeyim? Ne değişecek? Ya da özür dileseler bile ben ne hissedeceğim? Kuru bir özür, açılan hangi yarayı iyileştirebilir? Hangi özür bir keşkenin yerini tutabilir? En fazla keşke böyle olmasaydı diyebilirler, ben de alın o kuru özürlerinizi bir tarafınıza sokun derim.

Ben vazgeçtim arkadaş. Yeri geliyor bazen kendimden vazgeçiyorum ama durmuyorum da, size yalandan, başkaları gibi boş ver diyemiyorum bu yüzden.

Sonuç mu?

Sonuç yalnızlık, tek başınalık.

Ben ne olursa olsun bana kötülük yapan hiç kimseyi affetmiyorum fakat hakkımı helal ediyorum. Neden derseniz, öte taraf varsa bile ben orada dahi görmek istemiyorum bazılarını. Mutsuzum ama keyfim yerinde, kendimi bıraktım, taş kalpli olup hayata devam ediyorum.

O güzel özürleriniz, keşkeleriniz sizinle kalsın. Ben sustum.

Affettim seni.
Artık özgürüm.

Aşk Bir Derstir

Eğer sen de kendini sürekli affeden tarafta buluyorsan merak etme, hepimizin öyle pamuktan bir kalbi var. Bazıları taş kalpli olabilir ama ben affederek taş kalpli oldum.
Ne demek bu? Şu demek:

Affet ama neyi affettiğini unutma demek.

Ben onları kendi kendilerine bırakıp, herkese sadece tek bir şans veriyorum. Bir kere affedip diğerinde arkama bakmadan oradan gitmeyi planlıyorum. Ne yapalım aldatsınlar, yalan söylesinler, yine de her zaman af mı edelim? Yani ben hiçbir aldatmayı affetmedim ve edemem. Seni bilmiyorum.
Ama yalan söylenince, duymak istediklerim kulağımdan girince bir anda yumuşuyorum nedensiz şekilde. Bazen kabul edebiliyorum. Sen nasıl yapıyorsun bilmiyorum ama ben bu hayatta neyi, kimi, ne şekilde affettiysem onu asla unutmuyorum. Her zaman bir yerde kalıyor, hem de yara olarak kalıyor bende. Yaralarımı onların sarmasına bile izin vermiyorum. Ben kendi kendime her zaman yettim, her zaman da yeterim diyorum. Kimse benden önemli değil, herkes kendi hayatını yaşasın, dünyadaki her şeye ve herkese saygım var. Dine, inanışa, renge, ırka, cinsiyete, cinsiyet seçimine, her şeye saygılı bir şekilde yaşayıp insan olmaya çalışıyorum ama ne yapılırsa bana, onu da unutmuyorum; her zaman affedip insanların suratlarına bir ufak gülümsemeyle neleri yaptırdıklarını, nelere mal olduklarını gösteriyorum. Belki de bu şekilde ben de in-

sanlardan hıncımı alıyorumdur.

Unutmadan nasıl yaşıyorsun diye soruyorlar. Bilmem...

Belki ben bir insanım ama içimde bir fil vardır ne dersin? Filler de unutmazmış ya, bendeki o hesap.

Sandığınız kadar saf değilim, siz de olmayın diyorum. Sizi sevene, saygı duyana, sizi kimseden ayırt etmeyenlere dört elle sarılın diyorum. Güzel insanları bulmak çok zor. Güzel insanlar hep yalnız, hep kalpleri kırık. Onlara sarılıp, bana izin verdiklerinde yaralarını sarmak istiyorum. Gerek arkadaşım, gerek dostum, gerek ailem, gerek sevgilim, kim olduğu fark etmeksizin onlara sarılıyorum yeter ki bana sevgilerini hissettirsinler.

Dünya kötülerin dünyası olabilir ama sırf iyi insanlar için döndüğünü düşünüyorum.

Her şeye rağmen iyi insanlar iyi ki var etrafımızda, ya onlar da olmasalardı? Ya herkes kötü olsaydı, o zaman ne yapacaktık? Kime güvenecektik?

Hatalarını tekrarlama, derslerini çıkar ve onları unutmadan devam et yoluna.

Temiz ol. Sevgi dolu ol hatta sevginin kendisi ol. Bir ilk bahar günü gibi ol. Ne çok soğuk ol ne çok sıcak. Her zaman derin ve insan sıcaklığında yaşa bu hayatı, seni görenin kalbi ısınsın. Ben bu şekilde bir insan olmak için elimden geleni yapıyorum, lütfen sen de öyle yap, kendin için ve hepimiz için.

İnan kendine. İnan sevgiye.

Kendin de dahil herkesi affet, ama neyi affettiğini unutma.

Yeni bir hikayeye başlamadan önce
başarısız taslakları sil.
Yırt hatta,
çöpe at.
Ya da yak en iyisi,
yak.
Külünü
bile
bırakma.

Aşk mı, Para mı?

Eğer sen de aşkı seçenlerdensen bizdensin demektir, çünkü biz de aşkı seçtik, evet.

Para her zaman kazanılabilir bir şekilde, bir yerlerde. Hani şöyle bir laf var ya, paran olunca aşk da olur diye.
Sizinki aşk değil, sizinki ticaret!
İşletme orası, her zaman çıkar ilişkisi olan bir ilişki istiyorsanız buyurun sizin olsun o harika pembe aşkınız, ama biz almayalım.
Aşk dediğin, sevgi dediğin şey öyle parayla pulla olmaz ve satın alınmaz. Kimse de aşkı satın alamaz. Kim ancak parayla birini satın alabiliyorsa, o kişi elbet bir gün yalnız kalacak demektir. Aşk beraber olmaktır, aynı ruhta buluşmak, omuz omuza savaşmaktır. En kötü anında onun yanında olmaktır. Aşk masumdur, planları sevmez, taktikler işe yaramaz. Aşk kapıyı bir kere çalar, sonra donar kalırsın. Soğuktur ama üşütmez. Yaz günü gibidir, sıcaktır ama akşam eser ya hani, öyle huzurla oturur kalırsın orada. Hayatın bir koşturmaca içinde akar gider, sen de bir yudum soğuk suyla rahatlarsın, aynen öyle işte. İnsanlar parasıyla her şeyi satın alabileceklerini düşünürken üç şeyi satın alamazlar.
Aşk, ölüm, sağlık.
Bu üçünü ne yaparsan yap satın alamazsın. Kimse ölmeyi bir saniyeliğine bile olsa parasıyla geciktiremez. Ya da dünyanın en zengin adamı ol, eğer hastaysan ve çaresi yoksa yoktur. Peki o zaman neden bu insanlar böyle kibirliler? Neden her

zaman bir şeylerin arkasına saklanıyorlar, neden korkuyorlar? Çok parası olup onun arkasına sığınanlar bir gün tek bir iflasla acaba o çok mutlu hayatlarında kalabilirler mi? Hangisi bu hayatta daha güçlü? Parası olanlar mı? Olmayanlar mı? Yokluğu görenler mi?

Yokluğu gören insan dünyadaki her şeye göğüs görebilir, çünkü zaten hiçbir şeyi yoktur ve hiçbir şeyi olmayan bir adamı yokluğunuzla bile korkutamazsınız. Bak giderim yalnız kalırsınlar, onlara vız gelir tırıs gider. Dünyada yaşamak kolay yaşamasını, kafa tutmasını bilene.

Peki sen yaşamayı biliyor musun? Hissediyor musun damarlarında yaşadığın duyguları, içindeki aşkı? Sevgiyi, sadakati, öz benliğini? En son ne zaman aynada kendinle konuştun mesela? Eğer bu aralar konuştuysan ona şöyle söyle:

Kimse seni yokluğuyla korkutamaz, sen ne yokluklardan geçtin...

Gerçek olmayan ne varsa çıkar hayatından, sahtelikleri bir kenara bırak, kendi gerçeğinin peşinden ayrılma. Silmen gerekeni sil hayatından ki kendi gerçeklerinle daha güzel bir hikâye yazabilesin.

"Hayallerimizi satmadık ya..."

Hatıralar

Eğer sen de kendini hatıraların içinde kaybolmuş bir şekilde buluyorsan merak etme, biz de kendimizi hep orada buluyoruz, kaybolmayı bırak, boğulur şekilde hem de...

Keşke hiç birisi olmasa hayatımda diyorum. Ya da olduysa bile iyi geçseydi bir şeyler aramızda. En azından bunu başarabilseydik. Şimdi öyle tek başıma, bir deniz kenarında oturmuş kahvemi içerken, insanların ne kadar mutsuz olduğunu seyrediyorum. Bir kadın deniz kenarında fotoğraf çekip paylaşıyor karşımda; sanırım şunu düşünüyor, keşke o bunu görse şimdi, ben yürürken karşıma çıksa, haklı veya haksız olsa da boş versek, sarılsak birbirimize...

Hangimiz bunu düşünmüyor ki? Bir yerde bir fotoğraf paylaşırken çoğu zaman tek bir kişi için yaparız bunu. Herkesin görmesi önemli değil, sadece onun görmesi yeterlidir bizim için...

Yaşıyoruz, insanız, birbirimize bağlıyız ve ne yapacağımızı hiçbir zaman bilmiyoruz. Sadece yaşıyoruz. Hatıralarımız oluyor, hatalarımız da tabi. Her hatadan ders çıkarıp, hatıralarımızda onları yapmamaya çalışıyoruz. Kimi zaman sadece hayal edip olmayan bir şeyi olmuş gibi yaşıyor ya da olan bir şeyi hayallerimizde değiştirmeye çalışıyoruz.

Keşke hayallerimizde değiştirdiğimiz her şey zamanda da değişse... Keşke öyle demeseydim dediğin hiçbir zaman olmadı mı? Ya da keşke şunu yapmasaydım dediğin? İllaki olmuştur. Çünkü bazen hatalı olan bizizdir ama kabul etmek zordur. Bazen de hayal ederiz. Düşünürüz. Aklımızı, kalbimizi, ruhumuzu gelip fethedecek aşkı yaratırız kafamızda, onun hayaliyle yaşamaya başlarız. Dış görünüşünü, boyunu, gülüşünü tasarlarız beynimizde ve hiçbir zaman kötü şeyler düşünmeyiz onun hakkında. Kavgalarımız bile hayallerimizde sarılarak biterken peki, neden bunu gerçekte yapamıyoruz? Neden kavga ederken sevdiğimizin elinden tutup tamam geçti, seni çok seviyorum deyip olan biteni unutup yolumuza yeniden devam edemiyoruz? Çünkü egolarımız var, egolarımızdan hiçbir şekilde vazgeçemiyoruz katlanamıyoruz. Yaşıyoruz ama nefes alamıyoruz. Egolarımızın bizi yiyip bitirmesine artık hiçbir şekilde izin vermemeli, yaşamalı, anlatmalı ve devam etmeliyiz. Durmakla elimize hiçbir şey geçmiyor. Hem kendimizi kaybediyoruz, hem karşımızdakini. Sonra ne hayallerimiz gerçek oluyor ne de gerçeklerimiz güzelleşiyor. Hepsi kötü, hepsi bize küsmüş gibi. Arkasına bakmadan çekip giden hayallerimiz bize ne kadar darılmış olabilir diye düşünüyorsan merak etme, en çok onlar alınıyor. Hepi topu bir yetmiş yıl yaşayacağımız hayatı ne kadar güzel geçirebiliriz diye düşünürken, hepimiz ayrı dünyalarda savaşıp kendi hayatımızı bile bile lades diyerek karartıyoruz çoğu zaman.

Zaman çok garip bir yerde, tutamıyoruz.

Her geçen saniye yaşlanırken, artık kendimiz için de bir şeyler yapmamız gerekiyor. Aşk nazlı bir ceylan gibi işte, kaçırmamak gerek.

Bazen de dertlerimizle başa çıkmaya çalışıyoruz, kimilerimiz çıkamıyor, kaçıyoruz. Mesela ben artık kaçıyorum. Her şeyden, her yerden kaçmak istiyorum. Yine de hayallerimin güzel olması için elimden ne gelirse onu yapacağımı biliyorum. Çünkü insan nereye kaçarsa kaçsın kendinden kaçamaz.

Peki ya sen? Sen ne yapmayı düşünüyorsun? Hayallerini hayallerinde mi bırakacaksın, yoksa onları gerçeğe mi dönüştüreceksin?

Kararını sen ver...

Sadece nefes almak
istiyorum.
Yalan olan her şeyden uzak
ve yüzüm
gökyüzüyle barışık...

Korkmuyorum artık

Eğer kendimde kaybedecek bir şeyim kalmadı diye düşünüyorsan bu sefer merak etme demeyeceğim, çünkü sen bensin. Artık ben de hiçbir şeyden korkmaz oldum, hayatımda kaybedecek bir şeyim kalmadı. Ne kendim, ne de bir başkası. Gidebilecek herkesin gittiğini düşün, nasıl bu kadar kolay gidebiliyorlar daha onu bile anlamamışken, insanlar arkalarına bakmadan gidiyorlar, yalnız bırakıyorlar. Arkalarında bir mektup, bir hoşça kal dahi bırakmadan, o iğrenç anılarını, hatıralarını bırakıyorlar kucağımızda. İnsanlar kalbine saplanan onca anıyla nasıl yaşayabiliyorsun diye soruyorlar, ben de gülüp geçip, sadece önüme bakıyorum. Artık kimse gerçek bir mutluluk veremiyorum. Gülüyorum ama o da gerçek değil. Ağlamak istiyorum durmadan, hiç böyle zamanlar yaşadın mı? Ağlamak istedin mi durmadan, kalbin kırık bir şekilde? Ama kimse dokunsun istemeden, "bırakın, hayatımdan s*ktirin gidin, şurada şöyle ağlamak istiyorum sadece" dedin mi?

Bazen kendimi ancak o şekilde rahatlayabilirken buluyorum ama sana bir şey itiraf edeyim mi, çok uzun zamandır ağlamadım biliyor musun? Ne zaman geldiyse tuttum içimde, izin vermedim insanların sevinmesine. Hep kafam dik durdum, annemin cenazesinde bile. Kimsenin görmesine izin vermedim, hatta eve geldiğimde bile tuttum kendimi. Hayat benden herkesi alıp gitti. Ben de kimsesiz kaldım ve kimsesiz kalmak o kadar da kötü bir şey değilmiş aslında. Kim yanımda, kim değil onu öğrendim. Her sabah uyandığımda seslenecek kimse olmadan devam ettim. Tek başıma sinemaya gidip, tek başıma yiyip içip, tek başıma yaşamayı öğrendim. Ve biliyor musun artık kötü rüyalar görmüyorum. Eskiden her yer kan revan, kâbus gibi şeyler görürken şimdi sadece etrafı seyrediyorum rüyalarımda. Her şey daha dingin, bir parça daha huzurlu. Artık anladım da galiba, fantastik bir şeyler oluyorsa bu benim hayatım mümkün değil olamaz diyorum beynimde, yine kandıramadım diyor o da, benden vazgeçti.

Eskiden kendime geri zekâlısın derdim, şimdi çok akıllıyım diyorum. Beynimin beni kandırmasına bile izin vermiyor, bana şaka yapmasına engel olabiliyorum. Mutlu olduğun herhangi bir anda hiç "lütfen şu an bir şey olmasın" dedin mi? Korktun mu hiç "lütfen şu an bozulmasın, lütfen kötü bir şey olmasın" diye. Ben de öyle demiştim birçok şey için. Ne mi oldu sonunda? Elime yüzüme bulaştı. Hayat tarafından kandırıldım ve her seferinde "hadi be" dedim," bu da mı gol değil?"

Olmayan o goller, şunun farkına vardırdı beni:

Aslında kayıp sandığımız birçok şey kazanç olarak dönüyordu bize. En başta kayıplardan korkmamayı, biraz gamsızlığı, kimsenin bizi üzemeyeceğini, bir şey olunca hemen o konuya gerekli müdahaleyi yapacağımızı, hatta ağlamamızı bile artık durdurabilme gücümüzün olduğunu öğrendik. Farkında değilsin, aslında korkmamak güçlü olmanın ilk adımıymış, insan korkarak kaybetmeye başlıyormuş bir şeyleri.

Şimdi söylesene, her şeyini kaybeden birisini ne kadar üzebilirler? Ne kadar zorlayabilirler? Neyle korkutabilirler? Ben senin yerine cevap vereyim; hiçbir şeyle!

Dünya beni bu hale getirdi. Artık daha güçlü olmaktansa arkama yaslanıp nefes almaya başlıyorum...

Merhaba kendim, seni çok özlemiştim.

Sil baştan

Eğer kendinde yeniden başlayacak güç bulamıyorsan merak etme, ben de en az senin kadar yorgunum.

Ama yorgun olmamız her şeyi alttan alacağımız ya da yenildiğimiz anlamına da gelmiyor, bazen de her şeye kafa tutmak gerek ama kafa tutmadan önce de biraz dinlenmek.

Kuru gürültülerden sıyrılıp kendini dinlemeli, ruhsal ve fiziksel olarak da kendini dinlendirmeli insan. Bırak seni yenildi zannetsinler, bırak seni tek başına zannetsinler. Çünkü sen ayağa kalkmayı iyi biliyorsun, yeri gelince ayağa kalkacak ve yeniden hayata başlayacaksın, sadece birazcık mola vermen gerek.

Hayata her zaman gülümseriz, gülümseyeceğiz de. Sen kendi içinde ve dışında neyin ne olduğunu biliyorsun. Nefes almayı biliyorsun, savaşmayı biliyorsun. Sabretmek en güzel şey. İnsanların ne düşündüğü ya da ne yaptığı değil, önemli olan sensin, her şeye rağmen seni bir şeylerin önüne koymalısın...

Kendinin ne kadar değerli olduğunun farkında değil misin? O zaman farkına var, çünkü bunu yapmak zorundasın. Dünya üzerinden senden daha değerli hiçbir şey yok çünkü sen olmadığında başka hiçbir şey de yok. Evet bu zamana kadar çok yalnız kaldın, çok üzüldün, kalbin çok kırıldı, herkes seni üzmeye çalıştı.

Sevgili olmadı, aile bir yandan, belki okul sıkıntılıydı, belki işin mutlu etmedi. Ama yenilecek halin yok, bazen de her şeyi silmen gerek, yeni baştan başlamak için ilk önce kendin tanıman gerek.

Kendini ne kadar tanıyorsun? Kendinle ne kadar konuşuyorsun? Ne kadar umursuyorsun kendini? Zaman akıp giderken, her saniye kendine bir şeyler katmaktansa oturup sadece sızlanmaktan vazgeç. Hayata göz kırpmadan hayatla savaşamaz, kendine bir şey katamazsın.

Hayatta birileri çıkıp da karşına, güzel bir şey anlat dediğinde ne cevap veriyorsun? Güzel hatıralarından hangisi var? Yaşadıklarından hangileri senin için önemli? Neler yaşıyorsun bu hayatta, iyi şeyler mi?

Aldanıyoruz kolayca, bir güzel gülümsemeye aşık olacak kadar safız, bunun sen de ben de çok iyi farkındayız. Ama ne yaparsak yapalım güçlü olmaktan vazgeçmemeliyiz. Bir dala tutunmalı ama onu kırmamalıyız.

Yarını düşünmeden bir yerlere gitmek, günlerce uykusuz kalıp sırf canım istiyor diye istediğim saate yatıp, istediğim saate kalkmak isterdim. Ama sen de ben de iyi biliyoruz ki sorumluluklarımız var. Kimilerimizin okulu, kimilerimizin işi var. Bazen de erken kalkmak için daha naif sebeplerimiz var elbette. Mesela aşık olmak gibi, yeniden başlamak, sil baştan yapmak gibi...

Artık üzülüp sızlanmaktansa erken kalkıp kimseyi hiçbir şekilde düşünmeden sadece kendimizi düşünmek, kendimiz için değerli bir şey yapmak gibi. Sen de her şeyi sil baştan yapmak istemez misin? Hayatı umursamadan her şeyi silip devam etmek istemez misin? Eğer cevabın. Evetse ne duruyorsun? Seni üzen, kıran, parçalayan her şeyden uzak dur ve hepsini bir kenara at. Öz benliğine geri dön ve sadece nefes al. Önce bununla başla. Derin derin nefes al şimdi ve yeni hayatına merhaba de...

Merhaba bir tanem, hoş geldin. Ben de seni bekliyordum...

Ben bu hayatta
gerçekten sevilmeyi istedim
sadece.
Başka hayalim yoktu.
O, her şeye yeterdi.

Merhamet

Eğer sen de dünya neden böyle bir yer oldu diyorsan, merak etme ben de aynı şekilde düşünüyorum.

Ben bir yavru köpek bile görsem gözlerim dolarken bir zamanlar, şimdilerde nasıl bu kadar taş kalpli oldum diyorum. Bazen büyüsek de içimizdeki çocuğa sahip çıkmalı, ona sarılmalıyız. Ne zaman onu kaybedersek o zaman içimizdeki merhamet de gidiyor, hoşgörü de. Bu dünyada herkes birbirine sahip çıksa, destek olabilse keşke, hem birbirimize iyilik aşılamazsak tadı nasıl çıkar bu dünyanın? Zaten dünya kötülerin dünyası, az sayıda iyi insan kaldık, birbirimize destek olmanın ve merhametli olmanın tam zamanı. Saygımızı kaybettik insanlara karşı, sevgimizi kaybettik. Bunu geri kazanmak için elimizden geleni yapmanın tam zamanı diye düşünüyorum. Kötülük yapana diğer yanağımızı dönelim demiyorum tabi ki ama etrafımızda sadece iyi insanlarla oturup kalkabiliriz örneğin. Sen de o hissi bilirsin, birinin suratına bakınca anlarsın ya bu insan kötü diye, herkes hisseder ama konduramaz. Hatta bunu bazen insanlar yalan söyleyince de anlarız, çıkar sevgilin gözünün içine baka baka seni seviyorum der ama sen içinde bilirsin sevilmediğini. Gene de içinde ona karşı duyduğun sevgiden, şefkatten kabul eder, o yalana inanmış gibi yaparsın. Hepimiz merhametimize yenik düşeriz bazen ama bu aptallığımızdan değildir. Bu, onlara içten içe acıdığımızdandır aslında. İnsan maskelerle dolu sahte bir hayatı neden yaşar? Bunu neden yapar kendine? İstemediği halde elini neden tutar, gözlerine bakıp tenine nasıl değer içindeki o sahtelikle? Hiç mi gerçek sevgiyi tatmamışlar hayatlarında? Gerçek sevgi dediğin şeyde yalan yoktur, ihanet yoktur, kandırma yoktur. Nasıl becerebiliyorlar bunu anlamıyorum? Ben sevmediğim birinin bırak elini tutmayı, gözünün içine bakarak seni seviyorum bile diyemem...

İnsanlar güvenlerini, merhametlerini, iyiliklerini kaybettiler. Şükür ki sen de, ben de kaybetmedik bunu, hatta kendimiz hakkında tek güvendiğim ve inandığım şey, senin ve benim için, içimizdeki o küçük çocuğu hala yaşattığımız, yaşıyor oluşumuz. İnsanlar çocukça hareketler yapıyorsun dediklerinde ben bunu bir iltifat diye alıyorum mesela. Ne yapsaydım, gülüp eğlenmese miydim? Senin gibi suratımı mı assaydım, herkese negatif enerjimi mi verseydim?

Ben benim arkamdan kimsenin "ruhumuzu emdi, iki kuruşluk huzurumuz vardı onu da tüketti" demesine izin vermem, sen de verme. İçindeki o güzel insanı asla bırakma, sarıl, ellerinden sıkı sıkı tut, bırakma. Hayat çok kolay geçmiyor, farkındayım. Neredeyse kime merhaba desek hepsi yalancı, hepsi tutarsız. Olsun be...

Biz yine de bir insanı kazanabiliyorsak ne mutlu bize. Hem hayat dediğimiz şey çok kısa değil mi? Söylesene şimdi kaç yaşındasın? Bir de geçmişini düşün neler yaşadığını, zorlukları, kavgaları, aşkları, sevgileri...

Hepsi birer hatıra oldular, gittiler hayatlarımızdan. O yüzden her zaman birbirimize inanmalı, içimizdeki o merhameti kaybetmemeliyiz. Şunu da diyebilirsin:

Başımıza ne geldiyse bu merhametten gelmedi mi? Gelsin be... Başıma ne gelirse içimdeki merhametten gelsin, hiç değilse ben inanıyorum. Hem kendime, hem sana, hem bütün insanlığa... Her ne kadar hayal gibi gelse de bir gün elbet sevgi kazanacak...

Bir gün
bir yerlerde
karşılaşırız elbet.

Mektup

"Eğer" ile başlayan bir cümle kurmaktansa, "seni seviyorum" ile başlayan bir cümle kurmak istedim...
Ne zaman eğer desem başıma bir iş gelmişti çünkü. Ben bu hayatta söylenmesi en zor olan cümleyi söylemek istedim. O da seni seviyorum. Artık kimse birbirine içinden gele gele seni seviyorum bile diyemezken, ben alnım açık, bağıra bağıra seni seviyorum demek istiyorum.
Neden insanlar her zaman mış gibi yapıyorlar?

Seviyormuş... Özlüyormuş...

Her zaman bunun arkasına sığınıyorlar. Kusura bakmayın ama biz kendimizi hasta etmedik. Çünkü bazıları bize deli diyorlar bunların farkındayız diye. Siz farkında mısınız, deliler hastanesinde deliler yatıyor ama tedaviye ihtiyacı olanlar dışarıda değil mi? Sonuç olarak onları hasta edenler dışarıda gezerken, hasta olanları kapatıyorlar içeriye. Bence onları o hale kimler getirdiyse onları oraya koymalılar. İçeridekiler dışarı, dışardakiler içeri.
Keşke kalbimizi çıkarıp böyle olduğu gibi gösterebilsek ya da insanların içindekilerini aynı bu şekilde biz de görebilsek gözlerine bakınca. Kim bizi gerçekten seviyor, kim sevmiyor anlayabilsek de ona göre biz de güvensek, sevsek, her şeyimiz versek karşı tarafa. Ya da oralı bile olmayıp yolumuza devam etsek...
Olmaz değil mi? Olmasın.

Ben ne olursa olsun dünyaya sarılmayı bileceğim bütün sahteliğine rağmen. En çok da ona sarılmayı, o her kim olacaksa. Sevgiyi bulunca sevgiye sarılmayı bileceğim. Biliyorum, bir zaman gelecek ve tekrar aşık olacağım. Bunu en derinden isteyen yüreğime inanıyorum çünkü.

Sen de olabilir misin? Kendinde tekrar o yola girebilecek gücü görüyor musun? Her insan aşktan vazgeçiyor. Aslında vazgeçmiyorlar, birileri vazgeçiriyor yaptıklarıyla.

Seni seviyorum diye canımı yakmak zorunda değilsin. Seni seviyorum diye bir kere ben senin gibi düşünmek zorunda değilim. Seni seviyorum diye ben sen olmak zorunda değilim. Zorunda olmadığımız şeyleri sırf seviyoruz diye yapmak zorunda değiliz, ne siz ne ben ne de onlar.

O yüzden bu mektup tüm dünyaya gelsin. Elbet bir gün bir yerlerde gerçeklerle yüzleşeceğiz ve o gerçekler herkes için hayırlısı olacak. Zamanı gelecek ve biz en ufak tereddüte kapılmadan artık, ne istersek onu yapacağız. İçimizden gelerek gülüp eğleneceğiz, içimizden gelerek seveceğiz, sarılacağız. Ama ne istersek onu yapacağız...

Yalnız değilsin.

Ben bu dünyada olduğum sürece yalnız olmayacaksın, bunu hissettirmeyeceğim sana. Sen benim her şeyimsin, unutma. Umarım ben de senin bir şeyin olabilmişimdir.

Olamadıysam bile canın sağ olsun. Elbet bir gün bir yerlerde karşılaşmak dileğiyle...

Acı geçmez, acıya alışırsın.

Yara

Eğer sen de kendini yaralanmış ve sürekli kanıyor hissediyorsan merak etme, herkesin yarası var ve kapanmıyor. Neden biliyor musun? Hani deriz ya kendi kendimize bu acı ne zaman geçecek, yeter artık dayanamıyorum diye...
O aslında nedir biliyor musun?

Acı geçmez, acıya alışırsın.

Her geçen gün daha da güçlendiğinde anlarsın acıya alıştığını, çünkü bazı yaralar vardır hiçbir zaman kapanmaz. O yaralarla yaşamayı öğrenmen gerekir. Hatta yeri gelir o yaralarını sevmeye başlarsın. Aynı filmi defalarca izlemek gibi düşün. Hayatına biri girer, bakarsın ki o aşık olduğun insanın sende açtığı yaraların aynısını veriyor sana sadece, başka bir şey değil, işte o zaman dersin ki ben bu filmi daha önce izledim. Başına ne geleceğini aslında iyi bilirsin ve o acıları sevmeye başlarsın bir zaman sonra. Çünkü o acılar, o açılan yaralar bir zaman sonra sana hayat koçu olur. Bak aynısı olacak yine, benim gibi bir tane daha olmasın, bir yara sana yeter der ve seni hatalardan uzaklaştırır. Çünkü bir yara daha alacağına gitmeyi tercih edersin, eğer oradan gitmiyorsan, sen bile bile bunları çekmek istiyorsun demektir. Kendine bunu yapma. Bir kez izlediğin filmi bir daha izleme. Zaten yeterince yaran varken, sende bir yara daha açmalarına kendi kendine izin verme sakın.
Çünkü bedelinin ne olduğunu sen daha iyi biliyorsun.
Hatırlamıyor musun o uykusuz kaldığın geceleri? Miden bomboş da olsa yemek yemediğin günleri? Onu düşünmekten

kendi kendine aklını kaçıracak dereceye gelmelerini? Bir daha mı yaşamak istiyorsun tüm bunları? Hadi onu çok seviyorsun anladım, kendini hiç mi sevmiyorsun?

Bak bitanem, kendini sevmeden başkasını sevemezsin, ilk önce kendini seveceksin. Kendini sevdikçe başkasını sevmeyi öğreneceksin. İlk sevginin anne karnında başlaması gibi; hani erkek çocuğu anneye kız çocuğu babasına düşkün olur ya. İşte o ilk aşk gibi...

Karşılıksızdır, tertemizdir, seni üzme ihtimali olmaz o aşkın... İlk başta kendini seveceksin, sonra başkasını. Kendini seve seve anlayacaksın başkasını nasıl seveceğini ve kendini sevdikçe, karşındaki insana, örneğin aşık odluğun insana da daha farklı bakmaya başlayacaksın, günahlarını da, sevaplarını da daha net göreceksin. Seni ne kadar üzebileceğini göreceksin mesela, ya da ne kadar mutlu edebileceğini.

Gönül ister ki hiçbir ilişkide üzülmesin birbirini seven insanlar. Ama bir taraf kendini sevemiyorsa, kendi içinde çözemediği meseleleri varsa bu durum kaçınılmaz olur. Kendi içinde mutlu olmayan insan karşısındakini de mutlu edemez.

Aynı yaraları yine, yeniden açmak yerine, o yaraları kapatmak için olmalı ilişkiler. Elbet bir gün, tam anlamıyla birbirimizi tamamlıyoruz dediğin insan karşına çıkınca ne acılardan bahsedeceksin ne de yaralardan çünkü. Olması gereken de bu. O zaman eski yaralarını da seveceksin zaten. O zaman, iyi ki o yaraları almışım, onlar olmasaydı şimdi yaşadıklarımı yaşayamayacaktım diyeceksin belki de.

Herkesin hayatında bir kez de olsa yaraları olur. O yaralar insanı büyütür, daha da güçlü kılar. Yaralarına teşekkür et şimdi. Geleceğin için teşekkür et. Çünkü onlardan çok şey öğrendin. Çünkü artık onları sevmeye başladın.

Bir daha aynı filmi izlemeyeceksin bitanem, merak etme.

Sen sen ol, yeter.

İnsan en çok, en yakın
olduğunu görmez.
İnsana en uzak olan
bazen
en yakınında olandır.

Özledim

Eğer sen de çok özlediysen merak etme, herkesin burnunda tütüyor birileri...

Kimileri söyleyebiliyor özlemlerini, kimileri de içinde tutuyor aşkını, sevgisini, ne duygusu varsa içinde.

Şöyle karşına alıp onu, neyin varsa bağıra bağıra söylemek isterdin değil mi? Ne var yani bu kadar özlediysek, günah mı ulan! Ne var yani!

Bu bir isyan değil, sadece bir soru: Sen hiç mi özlemedin? Bu kadar mıydı bana olan aşkın, sevgin her neyse o şey, sadece bu kadar mıydı?

Ya da sen özlememeyi nasıl beceriyorsun, söyler misin bana?

Bu kadar anılarımız varken, beraber bu kadar hayaller kurmuşken, bu kadar taş kalpli olmayı nasıl becerebiliyorsun sen?

Ben senin kokunu dahi unutamamışken, sen nasıl başka tenlerin kokusunu ezberleyebiliyorsun?

Acımasızsın hayat. Acımasızsın dünya. Ve hiçbir değerin yok gözümde. Sen değil misin zaten herkesi değersizleştiren? Herkes sayende yalnız, kimsenin kimseye saygısı yok. Sadece benim değil, herkesin hayatını bu hale çevirmedin mi sen ey hayat!

Hep iyi insanların karşısına kötü insanları çıkarmak zorunda mısın? Hiç iyi insanlara iyiler denk gelmeyecek mi? Ne olurdu yani özlemek denen duyguyu hiç tatmasak, hiç bilmesek bu duyguyu?

Özlemek çok zor, biliyor musun?

Özleyince sana ne yaparsa yapsın hepsini unutuyorsun. Sanki aldatan, yalanlar söyleyen, sevgisini esirgeyen o değilmiş gibi. Bu kadar kolay olmamalı her şeyi bir kenara atıp devam etmek ama yapmak zorunda kalıyorsun bazen, bu hayat bize bunu da yaşatıyor.

Maalesef ne kadar özlesek de canımız yana yana yürümek zorunda kalıyoruz işte. Yürümesek de kalsak ya, yerimizde dursak ne olur ki? Ama ne zaman buna izin veriyor ne de dünya. Bir düşün, peşinden koşturan hep biz oluyoruz birilerinin ya da bir şeylerin ve hep düşe kalka ilerliyoruz. İlerledikçe bataklığa batar gibi daha da batıyoruz. Hiç bilmek istemezdim bu tip şeyleri ama hayat bunu da öğretiyor işte. Hayat okulundan her saniye mezun oluyoruz bu şekilde, her ilişkinin sonu başka bir öğreti gibi. Ne olduğunu bilmeden yaşayarak, sadece bekliyoruz.

Bize özlemek duygusunu unutturacak, sadece yanımızda duracak, yani öyle bir duygu olacak ki yağmur yağsa da aramızdan su sızmayacak. Yanımızda sessizce otursa bile onun ne istediğini bileceğiz. Sence olur mu bir gün böyle bir sevgilimiz? Her şeyimizi bilen, sabah günaydın, akşam iyi gecelerle sınırlı kalmayan. Gün içinde iyi misin diye soran, gözlerinin içine bakıp gerçekten nasılsın diyen bir insan çıkar mı karşımıza? Neden çıkmasın ki? Olur bir gün diyorum ben. Ya da belki de dibimizde duruyor da biz göremiyoruz, ne dersin?

Bazen aşk denilen şey gözünün önündedir göremezsin, gözlerini iyi aç bundan sonra, olur mu?

Kimsenin kalbini kırmadan sadece sevgiye odaklan. Öyle bir özle ki, özleyeceksen de yanında oturunca bile özle. Ellerini tutarken kıyama tutmaya. Ve öyle bir şey olsun ki, sen her onu özlediğinde yanında bul onu. Umarım bir gün böyle bir ilişki bulursun ve onu her özlediğinde yanında olur. Ben senin yerine Âmin diyorum bu duaya.

Allah bizi kötü insanlardan uzak tutsun. Gözlerine bakınca kaybolduğumuz insanları nasip etsin bize...

Çok hata yaptım. Sadece kendimden özür diliyorum.

Pişman Olma

Eğer sen de bir şeyler yüzünden pişmanlık duyuyorsan, duyma artık, çünkü yalnız değilsin benim de, hatta herkesin de yüzlerce pişmanlığı var.

Yaptığın hiçbir şeyin pişmanlığını duyma, zaman dediğimiz şey çok çabuk geçiyor.

Yirmili yaşlarımın başını hatırlıyorum da hiç büyümeyecekmişim gibiydi.

Bir bakmışım bugün otuzlarımın başında sana bunları yazıyorum.

Nasılsın? Günün nasıl geçiyor? Sabah mı orada yoksa öğlen mi? Akşamüzeri mi oldu? Yoksa gecenin bir köründe misin? Bilmiyorum. Zaman çok hızlı geçiyor.

Kendine acımasız davranma.

Yaptığın ya da yapacağın hiçbir şeyden pişmanlık duyma.

Pişman olduğun şeyler varsa da onlar sana güzel şeyler öğretmiştir, acısıyla tatlısıyla.

Pişmanlık duyduğun ya da duyacağını bildiğin hataları asla yeniden yapma. Onları tekrarlama.

Olmuşla ölmüşe çare yok belki ama, yaptıklarımızdan, yaşadıklarımızdan çıkartmamız gereken dersler var.

Sen de payına düşeni yaşadın biliyorum. Yalnız değilsin, birlikte yaşadık hepsini hayat denen bu yerde. Şu anda bir kahve dükkanında oturuyorum, sokağın köşesini dönen adama bakıyorum, onun da bir hayat telaşı var. Motosikleti park etmiş telefonunda birisiyle yazışan adamın da, çapraz masamda oturmuş kahvesini yudumlayan iki gencecik kızın da.

Herkesin alın yazısı farklı, tecrübe ettiği şeyler farklı, yaşadıkları farklı ama acıları aynı. Ortak acılarda buluşuyoruz hepimiz. Biliyorum, bazen bazı şeyler çok ağır geliyor. Altından kalkması çok zor geliyor ama Allah kimseye kaldıramayacağından fazla yük vermezmiş. Ona güven, sonra da kendine. Yaşadıkların sana çok şey öğretti ve daha kim bilir neler yaşayacağız birlikte...

Şu anda yapman gereken şeyi yap korkma, adım atmaktan korkma. Korkma ki sonra pişman olma.

Keşke toplantıya daha iyi hazırlansaydım, keşke bugün o dolabın içinde duran porselen yemek takımını kendim için kullansaydım, keşke gitme diyebilseydim...

Gitme... O kadar çok istiyorum ki seni, gitme...

Keşke, giymeye kıyamadığım o güzel keten gömleği giyseydim.

Keşke annemi son bir kez öpebilseydim, kokusunu içime çeke çeke, en derinime...

Keşke hayallerimi gerçekleştirebilseydim.

Keşke bu pişmanlıkların hiçbiri olmasaydı.

Bu liste böyle uzar gider. Pişman olmamak için, keşke dememek için kendine yapabileceğin en güzel iyilik, uzunca zamandır düşündüğün şeyi yapmak için sadece hayaline, istediğin, o çok istediğin şeye bir adım atmaktır, çünkü sen o adımı atmadan onlar sana gelmeyecek.

Yaşadıklarının sorumluluğunu üzerine al çünkü ben öyle yaptım. Kimseyi suçlamıyorum, herkesi, her şeyi affediyorum. Ama ilk önce kendimi affediyorum.

En çok kendimden özür diliyorum. Kendime yaptığım haksızlıklar için kendimden koca bir özür diliyorum. Artık pişman değilim. Sen de olma.

Belki söyleyenin yoktur, belki şu anda yalnızsındır, dertleşecek, bunu sana söyleyecek kimsen yoktur.

Pişman olma.

Seni seviyorum. Seni anlıyor ve hissediyorum. En çok kendine iyi davran...

**Kendimle
çok daha önceden
arkadaş olmayı isterdim.**

Sabır

Eğer yeter artık, sabrım tükendi diyorsan merak etme, benim de çok yeter dediğim an oldu. Hem yeter demeyelim de ne yapalım değil mi? Hayat güzel bir parfüm gibi yapışırken üzerimize, o çekip giden sevgililerimiz de uçup gidiyor aynı o parfüm gibi. Çaresizlik derecesine gelen bir kördüğüm olsam da, hatta kör olsam, giden geriye gelmese de beklemenin tadından da kopamıyorum bazen. O kahvenin damakta kalan tadı gibi, sanki ilk öpücük gibi, sarsıntılar içindeki beynimde kıyametler, depremler, hepsi aynı yere toplanmış gibi, yüreğimin tenha bir yerinde hala bir parça dinginlik var gibi...

Sevineyim mi, üzüleyim mi derken kendimi cam kenarında sigara içerken buluyor ve yeter diyorum, artık yeter...

Hangisine güveneceğimi şaşırıyorum bazen ama hayata karşı duruşumuzda bir parça da olsa sabır olmalı mutlaka. Sabretmezsek, her şeyin hemen olmasını beklersek, sırf çok istiyoruz, hemen olsun istiyoruz diye sunmaz hayat bize beklediklerimizi. Hayat bize güzel davrandığı sürece varız gibi görünebilir ama işler öyle değil. Bazen de kendimiz için bir şeyler yapmalıyız. En önemlisi de şu bence; kim bize sen bunu yapamazsın derse, özellikle onu başarmak için elimizden geleni yapmalıyız. Ben, bana bu hayatta neyi yapamazsın dedilerse istisnasız hepsini yaptım ve başarılı oldum. Sana inanmayanlar, güvenmeyenler seni geriye çekebilirler evet. Ama sen sabırla, kendine olan inancını yitirmeden yürümeye devam ettiğinde, onlar senin için bir itici güç haline gelirler aynı zamanda. Onlar yapamazsın dedikçe sen motive olursun. Nereden baktığınla, hangi duyguyla harekete geçtiğinle alakalı bir durum bu.

Sabrınla beraber ol, onunla arkadaş ol diyorum sana özetle... Aşkta da böyle aslında. Güzel bir şeylerin peşinden koştun umutla, hep bekleyen oldun, çabalayan oldun. Bırak biraz da seni beklesinler, senin gelmen için çabalasınlar.

Evet yalnızlık zor, çoğu zaman katlanılmaz. Sabretmek, umutla beklemek ağır gelir insana çoğu zaman. Korkuları besler. İstediklerine ulaşamama korkusu, geçmişte yaşanan kırıklıkların yeniden yaşanması korkusu, yine yanılma korkusu...

En kötü ihtimalle, bu da olmadı ama bir dahakine olur ne yapalım dersin, olmaz mı?

Zaten hayat da öyle değil mi? Sürekli sabırla, üstü üste deneriz bir şeyleri. Bir yemek yapmaya kalkışırız, altı yanar ama sonra o yemekte belki ustalaşabiliriz de. Denemeden, inançla beklemeden bilemeyiz sonunu. Bisiklete binmeyi ilk öğrendiğimiz zamanlarda defalarca yere düşmedik mi? Kim pedalı ilk kez çevirdiğinde dengede sürebilmiştir? Kimse. Arkasında her zaman birileri vardır düşmesin diye, bazılarının babası, bazılarının annesi, bazılarının sevgilisi...

Ben de diyorum ki sana, arkanda ben varım, merak etme, ben seni tutuyorum çevir o pedalı! Korkma, sabret ve elinden gelen her şeyi yap. Korkma, düşmeyeceksin. Ben ömrünün sonuna kadar burada olacağım, ne zaman düşersen ayağa kalkman için seninle her zaman sohbet ediyor olacağım.

Hayat dediğimiz şeyle artık tek başına başa çıkman gerekmiyor çünkü ben buradayım. Çevir o pedalı, gitmek istediğin yere birlikte gidelim. Sür buralardan, yapmak istediğin ne varsa beraber yapalım, yeter ki kalbini, ruhunu ferah tut.

Biliyorum zorlanacağız, yeri gelecek vazgeçeceğiz, yeri gelecek gülüp geçeceğiz ama ne olursa olsun sabredeceğiz. Sen ve ben her zaman beraberdik, sen de biliyorsun. Sen benim videolarımı izlerken hiç içinden aynı şeyleri ben de yaşadım demedin mi? Dedin. Çünkü biz seninle aynı şeyleri yaşadık ve yaşayacağız da. Önemli olan sabretmemiz ve kendimize inanmamız, güvenmemiz. Sabırlı ol. Her şeyin güzeli gelip bizi bulacak ya da biz gidip onu bulacağız, bana güven...

Birine ya da bir yere ait
olmadan önce
yüreğimdeki uçsuz bucaksız
coğrafyayı keşfetmek,
hepsinden önce kendime ait
olmak istiyorum.

Günaydın

Eğer sen de kendini her sabah olduğu gibi kötü hissediyorsan merak etme, dünyanın yüzde yetmişlik bir bölümü bu şekilde hissediyor.

Tabi keşke o yüzde otuzluk kısma dahil olsak biz de ama olmuyor maalesef, bir yerlerde, bir şekilde o kısma giremiyoruz. Şimdi keşke yanımda olsan da bir kahve yapsan. Karşılıklı içsek, sen bıcır bıcır konuşsan ben sadece seni dinlesem. Bana olan aşkından, sevginden bahsetsen. Bazen işinden gücünden, yeri gelince okuldan, eski anılarından...

Hepsi olacak şeyler.

Hatta bana dertlerini anlatsan. Sevgili dediğin ilk önce en yakın arkadaştır ya hani? Sen bir derdini anlatsan bana, birlikte bir çözüm bulsak. Ben ilk önce en yakın arkadaşın, sonra hayatının merkezi olsam...

Ne güzel olurdu...

Bir insanın hayatının merkezi olabilmek bir ömür boyunca, günün her anında, her anı doyasıya yaşayarak, asla unutulmayacak anılar biriktirerek...

Ne güzel olurdu...

Sarılmak isterdim o sevgilime, dert ortağıma, en yakın arkadaşıma. Her sabah onu görüp, onun bana bahşedildiği güne şükretmek isterdim. Öylesi bir insanın hayatında olması, hayatın sana bir armağanıdır. Bir sabah güneş doğar gibi doğar dünyana, sıcacık kalbine ve duraksız sever seni. Onu görünce güneşten de sıcak ısınır için...

Keşke herkes böyle bir ilişkiye sahip olsa, acılarını bir kenara atıp yarınlarını düşünmeden soluksuz aşkını yaşasa? Sende istemez miydin böyle bir şey? Sadece onun olmak, tek bir kişiye ait olmak ve bütün bir hayatı onunla yaşamak... Bak bu da bir beceri, ciddi bir beceri hem de. Herkes herkesle olmak ister, sen bir kişiye ait olabilir misin?

Birlikte olabileceğin onca insan varken, sadece bir kişiye bağlı kalabilir misin? Aidiyet dediğin şey sevginin değil, insanlığın temelidir. Bir yerdesindir, evin evindir, yani senin olan şeyler sana aittir, sevgi de öyle. Senin olan başkasının olamaz ve sen de başkasının olamazsın. İnsanlar başkalarına gidiyorlar, bir kişiye ait olamıyorlar, nedenini anlayamıyorum. Sıkıldıkları için mi? Tadını aldı ve tüketti diye mi? Anlayamıyorum. Maymun iştahlı insanları bu sabah hayatınızdan atıp, dünyaya doymuş, her sabah ait olduğu o insanın gözüne bakmayı kabul edecek kadar insanlarla olun. Yani sevdiğiniz insan size bakıp doymalı, dışardaki insanlara değil. Sizi aldatan, sizi ikinci plana atan insanlardan uzak durun. O insanlar size kötülükten başka bir şey veremezler...

Uzak durun...

Bu sabah aynada kendine yalan söylemeden şunu itiraf et sadece; sen bir kişiye bağlı olabilir misin? Olamam diyorsan kimsenin ahını alma, kimsenin günahına girme, kendin gibi insanlarla ol...

Bu arada günaydın demiş miydim?

Günaydın.

Kalk kendine bir kahve yap, haydi...

133

Yüreğimi görse yeterdi.

Yüzsüz

Eğer sen de insanların iğrenç davranışlarından bıktıysan merak etme, biz de her gün bir yenisini tanıyoruz.

Nasıl da pişkin pişkin, hem suçlu hem güçlü olup insanların suratlarına gülebiliyor ya da kendilerini savunabiliyorlar değil mi? Yüzsüzler ve onlar için yalan söylemek, bir insanın kalbini kırmak o kadar kolay ki, artık bunu hobi haline getirmişler adeta. Şimdi kalkıp insanlıktan bahsetmek isterim ama maalesef bu insanlar bundan da anlamazlar. İnsan demeye bin şahidin bile yetmeyeceği insan görünümlü ama içlerinde şeytan gizli bu varlıklar hayatımızın her anında yanımızdalardır. Bazen sevgilimiz olurlar, bazen okulda sıra arkadaşı, bazen bir dost, bazen de ailemizin içindelerdir. Hayatta tek istedikleri şey birilerinin üzülmesidir. Birilerinin kalbi kırılınca, birileri tökezleyip yere düşünce bu insanların hoşuna gider, çünkü bu hayatta onların ruhunu tek besleyen şey maalesef kötülüktür. Hatta mesela kalkar seni aldatırlar, sonra da "evet yaptım, ne yapabilirsin ki?" derler. "Ben böyleyim, tek kişiyle yapamıyorum, doğam bu, yemek bu! Yersen ye, yemezsen s*ktir git!" derler.

Benim en büyük hobilerimden bir tanesi de o "yemek bu" diyenlere "sen s*ktir git" demek oluyor açıkçası. Öyle keyif alıyorum ki onların o gidişlerinden inanamazsınız.

Sen sen ol, asla sana yanlış yapan birine yeniden aynı yanlışı yapması için fırsat verme, hayatına yeniden kabul etme. Bırak kendi kendine ne kadar eğlenebiliyorsa eğlensin. Kalbi kötü olanın hayatı da kötü olur elbet, herkes kalbinin ekmeğini yer günün sonunda.

Sen içinde fitne fesattan başka bir şey olmayan birinin hayatının düzgün gittiğini gördün mü hiç?

Bu şekilde olan insanlar güler ama saatlik gülerler. Sürekli, çorap değişir gibi sevgili değişirler, aileleriyle asla araları iyi değildir, iş ortamından tutun arkadaş çevresine kadar kendilerini olduklarından daha farklı gösterme çabasındadırlar ve aslında hiç sevilmezler.

Sen böyle bir insan değilsin, bu tip insanları hayatından artık çıkar.

Onların şeytan tüyü olur, ilk başta çok iyilerdir, senin en yakın arkadaşın, dostun gibi davranırlar. Önce kendilerine aşık ederler seni ve kendilerine muhtaç ederler. Onsuz bir hayatı boşa geçireceğini zannedersin. Onsuzluk bir yara olur. Çünkü seni bu şekilde kodlar, inceden işler kendisini senin hayatına. Sonra da arkalarına bakmadan giderler.

Gitsinler zaten...

Elbet bir gün karşılarına kendileri gibi insanlar çıkmaz mı? Çıkar. İşte o zaman bir duvara toslarlar. Çünkü bu zamana kadar kötülerle karşılaşmamış bir kötü, kendi gibi birine denk geldiğinde, o zaman işler değişir işte. Kendini çıkmaz sokakta bulan bir otobüs gibi, geri gitse gidemez, ileri gitse yol yok. O insanlar sıkışır kalırlar ve bir taraf ya o duvarı yıkar geçer, ya da otobüsü orada bırakıp giderler...

Sen sen ol, asla kötü kalpli olma. Dünya iyi kalpler için bir cehennemdir, biliyorum ve sen sadece mutlu olmak istiyorsun.

Eğer mutlu olmak istiyorsan iyi insanlarla birlikte olmaya çalış, seni her halinle seven insanlarla bir arada ol ve onlarla sonuna kadar yürü.

Çıkmaz sokakların olabilir, en fazla beraber kalırsınız o sokakta, kaçmaya çalışmazsınız. Elbet birinizden biri bulur bir merdiven, sonra da aşarsınız o duvarı.

Sen gönlünü ferah tut...

Toparla kendini.
Henüz her şey bitmedi.

Kendine Cesur Ol

Eğer sen de insanların kendilerini koydukları yerin gerçekte onları yansıtmadığını düşünüyorsan, haklısın. Kendi başlarının üzerinde duran o görünmez soru işareti içlerini kemiriyor. Her gün bedenlerinin içindeki sıkışmış ruhlarını okşayacak birilerini ya da bir şeyleri arıyor insan dediğimiz yaratık. Yaratık diyorum çünkü insanın kendine yaptığını ya da insanın insana yaptığını hayvan hayvana yapmaz. Yapamaz. Aynaya baktığında gördüğün surat seni mutlu ediyor mu? Herkesin mi vicdan muhasebesi farklı yoksa hayat gerçekten siyah ya da beyaz kadar keskin, sert ve kırılmaya mahkûm mu? Gri bölgesi var mı yanlışın, yanlışların? Bak ben de kendime soruyorum bugün bu soruyu.

Her keskinliğimde, her sert oluşumda kırılacak mıyım?

Yoksa eski Sercan gibi dört bir yana dağılacak mı her zerrem diye düşünürken, o içimden bir anda gelen "sen kendinin en büyük düşmanı ve en iyi dostusun" diyen iç sesim hayata tutunmama neden oluyor. Sımsıkı, hiç sarılmadığım gibi.

Geçenlerde Ece ile insanların yüzdelerini konuşuyorduk, o şu dünya da kötülerin daha fazla olduğuna inanıyor. Yüzde yirmisinin iyi ve yüzde sekseninin kötü olduğuna inanıyor. Ben bir yüzdeye vurduğumda insanların yüzde elli birinin kötü, yüzde kırk dokuzunun iyi olduğuna inanıyorum. İnanmak istiyorum. Hiçbirimizin hayatı kolay değil, kolay olduğunu düşündüğün kişiler için bile değil. Herkesin sınavı başka, sonuçları başka, gittiği yol başka.

Keşke herkes kendi hayatına ve içinde bulunduğu ana odaklanabilse. Geçmişine, yarınına bir çizik atabilse ve şu anda, tam da bu anın içinde yaptıklarını sorgulayabilse. Ya da sorgulamasa, sindirerek yaşayabilse.

Bakma bunları söylüyorum şu anda ama insan sadece bir yaratık değil bence, bencil bir yaratık.

Bir insanı kaybettiğimiz zaman onun başka bir gerçeklikte yaşayacak olma ihtimalini yediremiyoruz kendimize ve ona göre şekillendiriyoruz her şeyi, kendi gerçekliğimizi de.

Bir insanı toprağa verdiğimiz zaman bile, düşünsene onu bir daha göremeyecek, bir daha konuşamayacak, bir daha kavga edemeyecek, bir daha sarılamayacak ve bir daha seni seviyorum diyemeyecek olduğumuz için, paylaştığımız o duyguların bir yenisini hissedemeyeceğimiz için ağlamıyor muyuz? Benciliz işte.

Ama onun içini gördüğümüz için. İçini bildiğimiz için.

Kötü olmak zorunda mıyız? Bazı şeylerin kıymetini olanlar olmadan, gidenler gitmeden, bir şeyleri, birilerini kaybetmeden bilmeliyiz.

İyi olmaya cesaret et. Ben her şeyin iyi olması için ilk kendimden başladım ve ilk kendime cesur oldum, ilk öz eleştirimi kendime yaptım.

Kendine cesaret et. Hayat kendine kötü davranmak için çok kısa ve vicdansız. Yaşadıklarına yenilip bir köşeye oturmuş, ben oynamayacağım diyen bir çocuk gibi mızmızlanacak mısın? Yoksa cesur olup, her zaman her şeyin iyisini ve en doğrusunu yapacağını bilip yola ve denemeye devam mı edeceksin?

Cesur ol, çünkü sen her şeyin en iyisini hak ediyorsun.

Sen benim
güzel olan her şeye
inancımı sarstın.
Bazı yollardan
geriye dönüş olmuyor.

Kasımpatı

Eğer sen de kendini bitkin halde görüyorsan merak etme, bitkinliğin son eşiğindeyiz ama bu her zaman yenileceğimiz anlamına gelmiyor. Birinin gözünün içine bakıp seni seviyorum demeye bile yorulurken, her daim yalnızlığı seçiyoruz. Kimileri aramızdan ayrılıyor, birer birer masadan kalkıyorlar, kimileri bir denizin üzerinde yolunu arıyor, o yollar hep bizden uzaklara çıkıyor.

Gerçekten soruyorum şimdi sana, iyi misin?

Yoksa her halinle gelişine vurup, başıma ne gelirse kabul şekilde mi yaşıyorsun? Hayat insanlara gülümsüyor, bazen de surat asıyor. Biz bazen inanıyor, bazen inanmıyoruz kendimize. Ne kendimize güvenimiz var, ne insanlara. Taş kâğıt makas oynardık çocukken, ben orada taş olmak isterdim mesela, inadına taş olmak. Taş benim, ne olursa olsun taş olmak isterdim. Kâğıt beni sarabilir, o sevdiğim insandı. Makas ise düşmanlarım ama ne yaparlarsa yapsınlar kıramazlardı beni...

Keşke her şey çocukken olduğu kadar saf ve temiz kalsaydı hiç değilse, en fazla herkese küser beş dakika sonra barışırdık. Şimdi ne değişti? Hala içimizde değil mi o çocuk? Neden hemen barışamıyoruz? Neden saklambaç gibi ilişkileri yaşıyoruz ama kimse gelip bizi bulmuyor? Halbuki ben iyi saklanamam. Keşke gelip beni bulsa diyorum her küstüğüm kişi. Çünkü insan yalnızlığa kafasını o kadar çok takıyor ki...

Bir savaşın ortasında kılıç kalkan kuşanmak yerine yere saklanmış duruyorum. Kimse adil dövüşmüyor çünkü. Sonunda hepimiz yargılanacağız, herkes bir gün ölecek. Peki bu kadar adil olmayan insanlar varken bir kasımpatı çiçeği kadar bile olsa, ayakta dimdik duramaz mıyız? Bence dururuz. Hem de öyle bir dururuz ki, herkes bizimle dalga geçerken biz hepsine inat ayakta durur ve kendimizi yeterince gösterebiliriz.

Hayat savaşlardan oluşuyor, her şeyde bir savaşın içinde bulmuyor muyuz zaten kendimizi?

Aşkta, işte, sokakta, her yerde elimizden geldiği kadar savaş verip dünyaya kafa tutuyoruz.

Kim kime ne yapıyor bilmiyorum ama biz bu hayatta uğrunda savaşılmaya da, hayatımız uğruna savaşmaya da değeriz, her anlamda hem de.

Sen güzel olan her şeyi hak ediyorsun. Artık ayağa kalk ve insanlara ne kadar güçlü olduğunu göster. En çok da seni terk eden, yarı yolda bırakan o sahte aşkına, hatta sahte olan her şeye...

O gitmiş olabilir, sen onsuz da güçlüsün.

Kasımpatını hatırla, biz ve bizim gibiler her zaman güçlü olacağız. Şimdi bana güzel bir fotoğrafını çek ve yolla. Şunu yazmanı isterim bana:

Kasımpatı çiçeği kadar güçlüyüm!

**Eden bulur,
yapanın yanına kalmaz,
herkes layığını bulur.
Bu dengeye hep inandım.**

Karma

Eğer sen de bu işlenen günahlar yanına mı kalacak bu insanların diye soruyorsan merak etme, Allah yarına bırakır ama yanlarına bırakmaz...

Elbet işlenen tüm günahlar bir gün herkesin karşısına çıkacak ve herkes bir şekilde cezasını çekecektir. Hem bu hayat dediğimiz yerde, bunun hep öyle olduğunu görmedik mi? Kendi yaptığımız hataların her zaman bedelini biz ödemedik mi? Zor zamanlar geçirdik, üzüldük, kırıldık...
Bazen sakinleştik ama her şey yolunu bir şekilde buldu.
Merak etme. Sana kötülük yapan herkes zamanı geldiğinde kendi karmalarıyla karşılaşacaklar. Sana yalan söyleyen, seni aldatan o eski sevgilin elbet bir şekilde bir yerde ah diyecek, çünkü ah almak denilen şey yakanı kolay kurtarabileceğin bir şey değil. İnsanların ahını alıp, arkasına bakmadan yürüyüp giden kötülerin kazandığı bir dünya yok. Yaşadığımız dünya kötülerin dünyası olabilir ama sonsuza dek kazanacakları, yaptıkları her şeyin yanlarına kar kalacağı bir yer de değil burası.
Gamsız olabilirler, susuyor olabilirler, canları yanmıyor gibi görünebilirler. Ama her ah alan bir gün aldığı ahın bedelini öder!

Bir gün birine aşık olur, sana ne yaptıysa aynılarını görür, seni hatırlar ve öyle kolay kolay da unutamaz. Vefalı olmalı insan, merhametli olmalı.

İnsan hep ilk bakışa aldanıyor, ilk gülüşe, tatlı sözlere aldanıyor. Zaman gelip de gerçeklerle yüzleşince de dünyası yıkılıyor. İş başa düşüyor, enkazı kaldırmak tek tarafa kalıyor.

Hayatınıza giren insanları seçerken iyi karar verin, her açıdan değerlendirin. Davranışlarıyla, söyledikleriyle ruhunuzu okşayan, sözünde duran ve sizi yücelten insanlarla olun. Hayat kısa ve hak ettiğimiz inan daha fazlası. Karşınızdaki kişinin sizi bir gün üzebilme ihtimalini gördüğünüz anda uzaklaşın oradan, arkanıza bile bakmayın. İnsanlar çiğ süt emmiş, ne olacağı belli olmaz.

Sizi seven insanları üzmeyin.

Bir gün her şey
hayal ettiğinden de
güzel olacak.

Kir

Eğer sen de sana yapılan haksızlıklardan dolayı bunaldıysan merak etme, dünya öyle bir yere geldi ki herkes birbirine kir, çamur atmaktan bile utanmaz, çekinmez oldu.

İnsanlar sahte olarak kendilerine artık güzel bir madalya takabilirler. Şu sahte dünyada sevgi birazcık daha ağır bassaydı ne aldatmalar olurdu, ne yalan söylemeler, ne arkadaş satmalar. Nereye baksam kötülük dolu olan bu hayatta sanki katrana bulanmış şekilde duruyorum ama benim hala umudum var. Bir gün bir yağmur yağacak ve ne kadar kir, çamur varsa hepsini temizleyip götürecek.

Ne olurdu sanki iki aşık insan birbirine sonsuz güvenseydi? Ne olurdu arkadaşlıklar, dostluklar hiç bitmeseydi, kimse bizi arkamızdan vurmasaydı?

Çok zor bir şey mi istiyorum?

Galiba evet.

Artık öyle bir hale geldik ki, huzur içinde yaşamak kimseye nasip olmamaya başladı.

Ben sonsuz güvenmek isterdim birine. Hiç böyle bir şey yaşadınız mı? Sonsuz güven, sonsuz saygı dolu bir ilişki, hiç tereddüt ettirmeyen, şüpheye düşürmeyen, sadece huzur veren...

Keşke bunu yakalayabilseydik bir yerlerde, bir şekilde ama ne yazık ki artık babamız dahi olsa bir şekilde kimse kimseye tam anlamıyla güvenemiyor. Yediği ilk tokat aklına geliyor mesela.

Acımasızız...

Yorgunuz...

Ve artık nefes dahi alamıyoruz...

Huzur içinde yaşamayı seçen insanların yalnız insanlar olduğunun farkında mısınız? Huzuru seçen insanlar artık doğayı ve hayvanları tercih ediyor. Aslında dünyanın bir suçu yok, tüm suç insanlarda. Demek ki huzursuzluğu biz birbirimize veriyoruz. Dünya sadece dönüyor, dünyadan da hırsımızı çıkarmamamız gerek. Zorlanıyoruz, kavga ediyoruz ama elbet bir gün kazanacağız diyorum. Bunun umuduyla ben ne olursa olsun insanlardan da, kendimden de vazgeçmiyorum; elbet bir gün o yağmur yağacak, elbet bir gün her şey temizlenecek, sabredeceğiz diyorum.

Bir kuru hoşça kal ile ilişkiler bitmeyecek, herkes hemen birbirinden kopamayacak. Sevgi dediğimiz şey bir gün kazanacak diyorum, kazanamaz mı? Kazanır bence.

Aşk iki kişilik bir oyun diyorlar, aşk iki kişilik bir oyunsa birisi kaybedecek demektir ama kimse kaybetmeden de oyun oynanabilir. Her maçın bir kazananı varsa bir gün de beraber kalabilirler değil mi? Bu dünyada birlik, beraberlik olacak ve hepimiz bir gün kazanacağız. Benim hala umudum var.

Bir bar taburesinde oturup dünyayı ve insanları gülümseyerek anlamak ve anmak istiyorum. Herkese yazık değil mi. Kaybedenler olduğu sürece bu dünya güzel bir yer olmayacak. Ya yalnız olup, yalnızlığı seçip hayata devam edeceğiz kimsesiz; ya da birlik olup sevgi adına bir şeyler yapacağız. "Hoşça kal"lar sadece "yarın görüşürüz" anlamında olacak.

Ayrılıkların olmadığı bir dünya hayal et ve bunun için çabala.

**Biraz üzülecek,
biraz yorulacak,
fazlaca kırılacağım
ama geçecek.
Elbet geçecek...**

Gitmek

Eğer sen de benden ne kadar çabuk vazgeçebildiler diye kendini paralıyorsan merak etme, o sabah herkes gözünü "bitti bu iş" diye açtı...

Birçok insan sabah gözünü güzel bir günaydın mesajı beklerken, hiç beklemedikleri ayrılıklara açmıştır. Ve nasıl gidebilir diye sorarken bulmuştur kendini, tüm günü zehir gibi geçmiştir. O günkü kahvenin tadını asla unutmaz, o ilk içtiği kahve zehir gibi gelir ona. Ne yaparsa yapsın aklından çıkaramaz. İstediği tek şey sevilmek olan insanoğlu, ayrılığın soğuk rüzgarını suratında hisseder. Hani kışın ilk günü gibi, vücudunun her santimi titrer ya soğuktan? Soğuk bir kış yağmurunun altında tepeden tırnağa sırılsıklam olursun...

Ne olurdu insanlar birbirlerini bu kadar çabuk silmeselerdi dersin ama aslında en güzel yüzleşme bu değil mi? Yani beni karşısına alıp bitti dese ne fark edecek, samimiyetsiz "sen daha iyilerine layıksın" cümlesine yeterince doymadık mı? Yalandan beni övsen ne olur, övmesen ne olur? Ben senin gözlerinin içine bakarken, senin için canımı dahi verecek haldeyken sahte bir şekilde elimi sıkıp bir kuru hoşça kal ile gitmişsin bana ne faydası var? Gidecek misin? Gideceksin. Git o zaman, hiç de uzatma. Bir mesaj yeter artık bize. Nelerin üstesinden geldik, bu da geçer be arkadaşım, bu da geçer.
Evet biraz üzüleceğiz, biraz kalbimiz kırılacak. Arkamıza bakmadan gitmek bize yakışmaz, elbet bakacağız ama baktığımız

zaman anlayacağız nelerden ders çıkardığımızı. Gönlümüzü kimsenin hoş tutmasına gerek yok, biz kendi acımızı çeker, kendi acımızla yüzleşebiliriz. Bugüne kadar hep böyle oldu zaten, acılarımızı çeke çeke güçlendik. Yine de her zaman iyi olacağız, bunun için çabalayacağız. Umut bizim en büyük sığınağımız değil mi? Hayal kurmak da öyle. Onunlayken nasıl hayaller kurduk, nasıl güzel baktık dünyaya...

Aynı şekilde o hayalleri nasıl kurduysak, onları da yer altında bırakmayı biliriz. Tutunuruz kendimize, yıkılmayız. O sabah içtiğimiz kahvenin acı tadını da unutmayız ama şunu biliriz: Hayat ne yaparsa yapsın, ne olursa olsun çalışacağız, devam edeceğiz, durmayacağız. Birisi gidiyor diye kaybetmiş olmayacağız. Hem belki hayatımız alt üst olmuş olabilir ama nereden bileceğiz hayatımızın altının üstünden daha iyi olmadığını? Her şey her zaman güzel olacak diye bir şey yok. Her film istediğimiz gibi bitmez, bazen sürprizler olabilir. Sen bir yönetmen olsan eminim çok güzel bitirirdin çektiğin filmi, güzel bir son yazardın bitanem ama olmayınca olmuyor, sevmeyince sevmiyor, zorla kendimizi sevdirecek değiliz ya.

Her şeyi baştan inşa edeceğiz, her güne güzel başlamayı bileceğiz. Hem çekip gitti diye illa üzülecek değiliz, toparlayacağız öyle ya da böyle. Toparlamadan olmaz.

Hem onların bir cümlesiyle yıkılacaksak, gittikleri zaman mahvolacaksak yazık bize ve her şeye. Bu zamanlara kadar neler gördük neler geçirdik. Alsınlar o sabah attıkları mesajları...

Neyse. Bize yakışmaz.

Haydi, toparlanma zamanın artık.

İyi bak kendine, çünkü sen buna değersin...

Kendiyle savaşmayan başkalarına yenilir.

Kolay Değil

Eğer sen de bu hayatın neden kolay olmadığını düşünüyorsan merak etme, herkes bunu merak ediyor.

Hayat kolay değil, sevmek sevilmek kolay değil. İstediğimizi almak kolay değil. İstediğimiz yeri gidip görmek kolay değil. İstediğimiz şeyi alıp yemek kolay değil...
Bu devirde aşk da kolay değil, sevmek de kolay değil...

Neyin kolay olduğunu düşünecek olursak, örneğin kalp kırmak kolay. Birini terk etmek kolay. Bir hayale inandırıp insanları aldatmak kolay. Bu insanlar bu kadar kolay yapabiliyorlarsa bunları, vardır elbet sebepleri, demek kolay ki bu kadar rahat bir şekilde yapabiliyorlar.

Hayat bir proje değil ki planlara göre yaşayalım. Ama bazılarına göre demek ki proje ya da planız bizler. Ya da bir yara bandı. İnsanlar birbirlerini unutmak için sürekli birilerini kullanıyorlar. Birisi hayatımıza giriyor, bizim olan her şeyi alıp gidiyor, bazen kendimizi bile kaybettiğimiz zamanlar oluyor. Ne olacak bu hayatım, ne olacak bu ben diye düşünürken buluyorsun kendini hep, biliyorum. Yoruluyorsun, çaba göstermek istiyorsun, bazen yeri geliyor güçlü uyanıyorsun belki, güzel bir rüya kendine getiriyor seni, savaş veriyorsun...
Umut her şeyin başı demek ki, güçlü olmak için umuda ihtiyacımız var. Savaşmaya ihtiyacımız var, umut olmadan hiçbir şey istediğimiz gibi olmuyor.

Nereye kadar böyle gidecek diyorsan kalbimizin istediği yere kadar gidecek.

Elbet betonu hissedeceğiz, elbet düşeceğiz sonra da kalkacağız ayağa. Kimse yanımızda olmasa da biz varız diyeceğiz. Kendi kendinin yanında olabilir misin? Bence en çok senin olman gerekiyor. En çok senin güzel hissetmen gerekiyor. Kendin için en son ne yaptın? Bir sahil kenarına gidip en son ne zaman güneşin doğuşunu seyrettin ya da batışını? Hayat kolay değil ama sen de kolay değilsin, hemen yenildim diye oturup üzülmek yerine seni üzen insanlara kafa tutup savaşmayı seçtin.

Hayat kısa da olsa, bir uçurumun kenarında olsak da gülümseyip yüzümüze esen rüzgârı hissetmemiz, hayata daha sıkı sarılmamız gerekiyor. Hayata merhaba demeden merhaba alamazsın ondan. İlk önce onunla tanışıp merhaba demeyi öğren, neyi sever neyi sevmez ona göre şekil al. Kendi hayatını eline alınca kimseye ihtiyacın olmayacak. Sonuna kadar savaşacaksın ve gücün elinde olacak.

Hayat sana sarılmayı bekliyor, sen de ona sarıl. Herkes için üzülmeyi bırak, sadece kendin için savaş. Kendin için savaşarak bir şeyleri kazanabilirsin ancak. Kendine inat gitme, ne kadar kendinle inatlaşırsan o kadar kaybedersin. Sandığından daha güçlüsün, kimse yanında yok ama dimdik duruyorsun yine de, bunun farkına var. Yalnız kalmaktan korkma. Yalnızlık seni önce üzecek, sonra da güçlendirecek. Çünkü o senin dostun. Yalnız olmaktan korkmazsan bu dünya üzerinde seni kimse üzemez. Kimsenin olmadığı yerde sen varsan ve tek başınaysan hayatı kazanmışsındır demektir. Şimdi ayağa kalk ve kazanmak için elinden geleni yap.

Sen sen ol, kendinden asla ve asla vazgeçme!

Ben tek miydim bu hayatta?
Yoksa kendi kendime mi
kalabalıktım
bu kadar?

Benimle misin?

Eğer sen de kendini sessizlikle suçluyorsan merak etme, ben de bu aralar çok sessizim.

Konuşsam neye yarar ki? Konuşsam anlatsam anlayacaklar mı? Bakacaklar mı suratıma?
Bu zamana kadar kendimi çok anlatmaya çalıştım ama kimse gözlerimin içine dahi bakmadı. Bakmalarını çok isterdim. Kandırmayın beni, ben size hemen inanıyorum demeyi çok isterdim. Ama olmadı olduramadım...

Olduramayınca kendim de olsun istemedim artık. Kandırılmış gibi hissederken kendimi buradan beni tüm yalanlarına, kendi kötülüklerine, çamurlarına çekenlere selam söylemek isterim. Hepiniz ne de güzel kandırdınız beni, alıp oradan oraya vurdunuz. Ama ne yaparsanız yapın kaybeden ben değilim, siz olacaksınız. Her zaman, her saniye...
Çünkü ben savaşmayı biliyorum.
Onlar hayatlarında, hayatla savaşmamışlar hiç. Her zaman aileleri yanlarındaymış örneğin. Ama benim ailem benim yanımda hiç yoktu. Başımda bir tek dedem vardı, yetebildiği kadar öğretti bana, ben de öğrettiği kadar öğrenmeye çalıştım. Sessizliğimi sadece bir gün bozdum o da babaannemi kaybettiğim gün cenazede. Elime bir kürek verdiler, Allah günah yazmasın, küfrede ede batırdım küreği toprağa. Acımı gizleyemedim...

Hem gizlesem ne olacaktı ki? Kim sessizliğimi anlayacaktı? Ben de duraksız küfrettim. Hiç durmadan küfrettim. Kendi yalnızlığıma biraz daha yalnızlık katarak uzaklaştım herkesten, kimsenin görmeyeceği yerlerde ağladım. Kimse görüp de iyi oldu sana demesin diye...

Hayatta bu şekilde yakınında duran düşmanlar maalesef o kadar fazlalar ki...

Yüzümüze gülüp sonra da arkamızdan konuşanlar...

Yok mu senin de etrafında sahte dostların? Bana sorarsanız benim çok var mesela. Ben ilk korona patladığı zaman belki de Türkiye'nin ilk korona hastasıydım. Yirmi bir gün hastanede yattım, kim aradı beni? Kim iyi misin dedi? Hiç kimse. Hepsi yalancı dostlar, arkadaşlar...

Bu dünya böyledir arkadaş, paran gücün mevkiin varsa herkes yanındadır ama hiçbir şeysen maalesef seni kimse takmaz. Ben, benim çok dostum var zannettim ama dünyanın en yalnız adamı benmişim.

Yazık lan bana. Benim gibi olan insanlara yazık. Ne çabuk güveniyoruz bu insanlara biz. Neden diye de kendime çok soruyorum, neden bu kadar çabuk inanıyorsun diye ama sanırım yalnız olduğumuzdan, o yalnızlıktan biraz da olsa kaçma arzumuzdan.

Baksana kim var yanında?

Biri yanına gelince, biraz sıcaklık gösterince hemen ailen yapıyorsun onu, hemen dostun, arkadaşın, sevgilin, en değerlin yapıyorsun.

Sen ve ben o kadar açız ki sevgiye, kim gelirse gelsin hemen kollarımızı açıp hoş geldin diyoruz.

Hayat çok garip bir yer. Biz de onun içinde yuvarlanıyoruz işte. Kar topu olsam eriyorum, kendime faydam yok. Taş olsam kırılıyorum, yağmur olsam kendimi dahi ıslatamıyorum. Bazen en iyisi hiçbir şey yapmamak.

Ben söz veriyorum bir daha hayatıma kim gelirse gelsin, hemen kolayca buyur etmeyeceğim içeri, neden mi? Çünkü o da gidecek. O da terk edecek ve gene üzülen, bunalan her zamanki gibi ben olacağım...

Ne yapmalıyım ki bu hayatta? Belki de öylece bırakmalıyım kendimi bir rüzgâra, savrulmalıyım oradan oraya...

Kimsem yok ama keyfim yerinde bu aralar.

Şimdi sen söyle, sen benimle misin? Yoksa ben kimsesiz miyim? Yine tek miyim bu hayatta? Söylesene...

En aciz yenilgidir aldatmak.

Aldatmak

Eğer sen de aldatan insanlar bunu nasıl yapabiliyorlar diye soruyorsan kendine merak etme, her insan bunu düşünüyor, çünkü herkes herkesi aldatıyor.

Aldatmak denilen şey sadece bir tensel temas değil. Fikir olarak dahi yapılan her şey aldatmaktır.

Ve aldatmak kelimesi sadece iki sevgilinin arasındaki ilişkiyle sınırlı bir kelime değildir, aldatmak her ilişkide olur. Bir arkadaş bir arkadaşını aldatabilir ya da annen durup dururken seni aldatabilir. Yalan söylemek de bir aldatmaktır. Aslında var oluşumuz bu, insanoğlu çiğ süt emmiş derler ya, gayet de ona uygun yaşıyoruz işte. Kalbime her batan kelimede kendimi buluyorum ve insanların birbirine nasıl bu kadar çabuk yalan söyleyip, öte yandan birbirlerine nasıl bu kadar inanabildiklerine hayretler ediyorum. İnanılmaz değil mi?

Kendi adıma aldatmak ya da aldatılmak istemem. Çünkü ben aldatılmanın ne demek olduğunu kendi annemden gördüm. Aldatılınca bir kadının ne hale gelebileceğini, ne evrelerden geçeceğini, ne doktorlara gidip, ne ilaçlar içeceğini kendi annemden gördüm. Onunla tanıştım ve hayatın ilk tokadını ilk okul beşinci sınıf mezuniyet töreninden sonra eve geldiğimde yedim.

Kimse kimseyi aldatmasın bu dünyada...

İnsan zayıf düşüyor, ne yapacağını bilemiyor...

Herkesin hayatında elbette bir aldatılma hikayesi vardır. Herkes bir yerlerde üzülür, kırılır ve toparlanamaz kolay kolay.

Şimdi mahvolduğumuz şeyler de ileride ben de şöyle aldatıldım deyip, gülüp geçeceğimiz basit mevzular haline gelir. Ben de deniyorum güçlü olmayı diyorsun. Evet şu anda haddinden fazla canını yakabilir bu durum. Kendini bir köşede tek başına bulabilirsin.

Ama öte yandan şunu da düşün, artık özgürsün. Yol yakınken görmüş, anlamış oldun bazı şeyleri. Ya ileride işler daha ciddiye binince bilseydin, bulsaydın, ortaya çıkarsaydın? Artık şükretmen gerek, özgürsün! Her sabah yalandan günaydın diyen yok artık, her gece iyi geceler seni seviyorum diyen yok. Yalandan, sahte bir şekilde nasılsın iyi misin diyen yok, bunun için mutlu olabilirsin. Çünkü emin ol, sen bir daha bu duruma düşmeyeceksin. Gerçi bu durum derken, senin düştüğün bir durum yok; aksine her aldatan kendini aldatır sadece. Aldatılan sen değilsin, o. Bunu çıkarma aklından.

Bırak orada kalsın. Üstüne bir toprak at ve devam et. Ben senin yerine dua ederim merak etme.

Kaldırım taşlarına her adım attığında artık daha emin atacaksın bundan sonra, hayatına giren kişinin seni üzmeyeceğinin hiçbir zaman garantisi yok ama hiç değilse aldatma potansiyeli olan birisini artık gözünün içine bakınca anlayacaksın. Ruhun taş gibi olacak. Bazen herkes sana ne duygusuzsun, neden bana ilgin yok diyecek; halbuki sen ona ve kendine zaman veriyor, aklını, kalbini hemen ilk hissettiğin duygulara teslim etmiyor olacaksın. Adım adım daha güzel olacak her şey, inan bana.

Her önüne gelene kalbini açmayacaksın, kalbini kazanmak için artık birileri savaş verecek ve sonunda bu hediyeyi birisine sen kendi elinle vereceksin ve en güzeli de o bunu gerçekten hak etmiş olacak...

Hayat bir ders ve biz ders çıkartarak büyüyoruz. Daha da büyüceğiz, akıllanacağız ve kimseye boyun eğmeyeceğiz!

Hak eden kişiler olduğu sürece hiçbir zaman aşktan vazgeçmeyeceğiz. Hem neden geçelim, aldatılan onlar aslında, biz değiliz. Biz en azından sevmeyi biliyoruz, saygı duymayı biliyoruz, kalbimiz temiz, alnımız ak şekilde hayatımıza devam ediyoruz. Yapan kendine yaptı, eden kendi buldu.

Sen gönlünü rahat tut, insanlar böyledir. Seni alırlar, sonra da bir kenara atarlar, yani atmaya çalışırlar ama sen buna izin verdiğin sürece yapabilirler bunu.

Sen ne kadar anlam yüklersen birine, o da o kadar kendinde hak bulacak sana yapacakları için. Şimdi soruyorum sana, tekrar en başından bu ilişkiye başlıyor olsanız, sen ona bu sevgiyi, bu hakkı verir miydin, yoksa avcunu mu yalardı? Bence avcunu yalardı çünkü şimdiden gözlerine bakınca onun ne kadar yalancı olduğunu gördün bile.

Gör, hisset, yaşa, aşık ol...

Kimseden korkma. Korkacak tek bir şey varsa bu hayatta, o da kendini kaybetmektir.

Kendini kaybetmeden, hak edeni, hak edecek şekilde sev.

Ve ona tutun...

Son nefesime kadar,
O mutlu olma ihtimaline
tutunacağım.

Kötü İnsanlar

Eğer sen de bu kötü insanlar nasıl kötü oldular diye düşünürken buluyorsan kendini merak etme, onlar da bir zamanlar iyi insanlardı.

Mesela onlarda aşık oldular, birisine çok inandılar ama kalpleri kırıldı. Sonra tekrar inandılar; bir kişi kötü olabilir ama o kötü diye diğerleri de kötü olamaz dediler. Ve lakin karşılarına kim çıktıysa neredeyse tamamı kötü çıktı. Ve sonra onlar da onlarla yaşaya yaşaya kötü oldular.

Ben diyorum ki, iyi insanlar bu kadar azken onları da kaybetmeyelim, onların da suratları asılmasın, hayattan umutlarını kesmesinler. Aşk denen şey zaten çok zor bulunuyor, kalkıp onları da aşktan vazgeçirmeyelim.

Biliyorum tekrar sevmek, aşık olmak çok zor; hele ki birisine onca aldanışın ardından güvenmek...

Ama onlara da hak vermek lazım...

Onların hayatlarına bir güzellikmiş gibi girip, sonra birdenbire her şeylerini aldılar ve kayıplara karıştılar. Geriye ne mi kaldı? Bomboş bir kalp, sonsuz bir yalnızlık ve yığınla kötülük...

Onlar da ne yapsınlar, kötülüklerini sevdiler.

Sen olsan ne yapardın? Acılarına sarılmaz mıydın?

Ben ne olursa olsun acılarıma sarılıyorum, biliyor musun? Çünkü şunu fark ettim, acılarımdan başka kimse bana acımıyor. Herkes kötü, herkes sahte. Kime sarılacağım, çevremdeki yalancılara, sahtekarlara, menfaat düşkünlerine mi? Dostlarıma mı? Beni bir parça dahi sevmeyen sözde sevgilime mi?

Kime?

Ailem desen, onlara ne anlatsam "geçer, boş ver" diyorlar ama ben o boş ver kelimesini duymak yerine beni gerçekten dinlemelerini istiyorum. Hiçbir insan sana gözlerinin içine bakarak, içtenlikle "seni anlıyorum" dedi mi?

Seni anlıyorum...

O kadar güçlü bir cümle ki bu, altında kalabilirsin...

Çünkü bu zamana kadar seni senden başka kimse anlamadı, bunun sen de farkındasın değil mi? Beni kimse anlamadı ve ben yine de vazgeçmeden anlattım, yılmadım. Yani tamam dedim, elbet anlayacaklar beni, elbet bir yere varacak bu hikâye. Sonunda biri çıkacak dedim. Dedim de çıktı mı peki? Çıkmadı be...

Yolum ne zaman bir çıkmaz sokağa çıksa, ben de bir sokak lambasının altında kaldım hep. Nefes almaya çalıştım, yolumu bulmaya çalıştım ve biliyor musun, bir çıkmaz sokağa girdiğinde güneş asla doğmuyor. Tek gördüğün yalnızlık, tek gördüğün sensin kendinsin. Koca bir boşluk...

Tonla derdin varken yirmi dokuz harfi birleştirip derdini anlatamıyorsun ama onlar on dört harfi yan yana getirip ağızlarından bir çırpıda "seni sevmiyorum" cümlesini çıkarabiliyorlar. Kötü insanlar maalesef bu dünyada hep kazanıyorlar, kalp kırmaktan hiç çekinmiyorlar.

Ben de sana diyeceğim kalp kır diye ama maalesef bunu sana söyleyemem. Çünkü biliyorsun, biz kötü insanlar değiliz, hiç olmadık, asla da olamayacağız. Yaşadığımız kadar yaşayıp örnek olmaya çalışacağız. Ne kadar bilmiyorum, nereye kadar onu da bilmiyorum. Çabalıyorum, tartışıyorum ama yılmıyorum. Yenilmek yok dedikçe her seferinde yeniliyorum. Elbet bir gün ben de kazanacağım. Ne kadar kötü olursa olsun insanlar, kalplerinde bir parça iyilik varsa onlar da bir gün kazanacaklar. Hiç değilse ben buna inanıyorum. Yani böyle olması gerekir. Ne olursa olsun onlarda hiçbir şekilde suç bulmuyorum, içim el vermiyor buna. Çünkü onlar da bir annenin evladı, onların da on parmağı var, benim de. Yargılamak bana düşmez. Bana düşen şey onlara ve kendime önce sonsuz güvenmek.

Peki sen ne kadar güveniyorsun kendine? Sonsuza kadar acılarına sarılıp daha da kötü olma yolunda mı ilerleyeceksin? Yoksa iyilik olduğu sürece, hiç değilse bunu bildiğin sürece daha iyi. Olmak için savaşacak mısın? Keşke hayat bu kadar zor olmasaydı da biz de bir yerlerde savaş vermek zorunda kalmasaydık, değil mi? Ama ne yazık ki hayat keşkelerle geçmiyor ve ne yazık ki hayat kolay değil.

Mutlu olmanın formülü bizde saklı yine de. Öyle ya da böyle, ya kendimizi mutlu edeceğiz ya da sonsuz mutsuzluğu kabul edeceğiz. Ben ne olursa olsun bir gün mutlu olacağımıza inanıyorum. Her zaman bu umutla yaşayacağım.

Peki sen ne yapacaksın?

Zorlama...
Bazen olmuyorsa,
olmuyordur.

Ne Yapsan da Boşa

Eğer sen de ben her şeyi yaptım ama sevdiremedim kendimi diyorsan merak etme, dünyaları ayaklarının altına da sersen, yine de sevmeyecekti.

Bir insan bir kere sevmediği zaman sevemiyor, karşısındaki de sevdiremiyor kendini. Mesela ben değmeyen bir insan için kendimi, hayatımı, her şeyimi ortaya koyarak bir şeyler yapmaya çalıştım. Nitekim yaptım mı bilmiyorum ama hayatımdan bir 10 yıl kaybettim. Sonuç ne peki? Kocaman bir hiç. Boş bir kâğıt kadar net bir hiç. Hiçbir değeri olmayan bir boşluk. Yani açık ve doğrudan söylemek istediğim şey şu, sen şimdi ne yaparsan yap kendini sevdiremeyeceksin. Bu hayat bu şekilde akıp gidecek. Peki ya o zaman ben kimseyi sevecek miyim ya da kimse beni sevmeyecek mi diyorsan merak etme, elbet bir gün karşına birisi çıkacak ve sana sevgi dolu gözlerle hoş geldin diyecek. Hak edene, hak ettiği şeyleri vermek çok önemli. Çünkü birisi seni sevmiyorsa sevmiyordur, yeterince basit bir gerçek. Sen, seni sevmeyen, elini tutmak, seni öpmek istemeyen biriyle olmak ister miydin? Ben istemezdim, hem hiç istemezdim. Ama bunu en başından anlamak da kolay olmuyor maalesef. Yalancı, sevgisiz insanlar karşına çıkıyorlar, seni bir rüyaya inandırıyorlar, seviyormuş gibi yapıyorlar ve arkalarında bir enkaz bırakıp çekip gidiyorlar. Uç örnekler. Ne yaparsan yap senin anlayamayacağın kadar profesyonelce davranan, senden alacağını alıp sonra da defolup giden insanlar onlar. Bahsettiklerim onlar değil. Seni gerçekten, en başından beri hiç sevmeyen birinden bahsediyorum, senin bunu bilmene rağmen ısrar ettiğin hani...

Yani şu olamaz mı? Belki tipi değiliz, belki iticiyiz onun için, belki hiçbir şeyimiz hoşuna gitmiyor olamaz mı? Olur bence. İllaki her gördüğümüz ya da bize merhaba diyen insan bize aşık olmak zorunda değil. Tabi bunu kalbimize nasıl anlatacağız onu bilmiyorum çünkü kalbimiz, sen de biliyorsun ki, bir kere sevdi mi artık dönüşü yok. Öyle bir bela açılıyor ki başına, ne yaparsa yapsın ondan vazgeçemiyorsun. Aslında bizim bir suçumuz yok, bütün suç kalbimizde. Aşkın ne zaman ve nerede gelip seni vuracağını, yüreğinin kime düşeceğini bilemez, hesaplayamazsın. O duygu bir kere geldiğinde artık tüm kontrolü yitirmiş, ruhunu bir başkasına teslim etmiş bir insan haline geliyorsun.

Yapılması gereken ne peki? Kalbimize uymak mı, aklımıza uymak mı? Sonuç olarak şunu biliyoruz ki, bizi sevmeyen birisine ne yaparsak yapalım hiçbir şey değişmeyecek, bizi sevmeyecek. Bence bunu gördüğümüz zaman artık kafamızı başka tarafa çevirmeli ve onlara da saygı duymalıyız.

Mesela şöyle insanlar var, bir adam bir kadını çok seviyor ama kadın onu hiç sevmemiş, öyle bir duygusu yok. Sonra adam da onu takıntı haline getiriyor, ne yaparsa yapsın, istemediğini söylesin ama adam hep peşinde. Sonra o kadın başkasıyla beraber olunca onu herkese kötülüyor mesela. Ulaşamadığı anda kötü yüzü ortaya çıkıyor. Bu sevgi midir? Sevginin içinden kötülük çıkar mı? Senin sevdiğin insan seni sevmek zorunda değil. Sen milyonlarca para da harcasan o kadın seni sevmeyecek, hiçbir şekilde. Ve sen bunu görüp devam ediyorsan, bakış açını değiştirme zamanın çoktan gelmiş demektir. Aklına gelecek her şeyi değiştir ve sevginin ne olduğunu en başından anlamaya çalış. Sen aşık olduğunun kişinin gerçekten güvende olduğunu bilsen, mutlu olduğunu bilsen, başkası da olsa, deli gibi birbirlerini seviyor olduklarını görsen bunun için mutlu olmaz mısın? Eğer mutlu olmuyorsan, sadece içinde kıskançlık duygusu oluyorsa senin yaşadığın aşk değil arkadaş, seninki takıntı ve narsistlik, başka bir şey değil. Neden biliyor musun?

Bazen olmuyorsa olmuyordur. Zorlamaktansa, onun için mutlu ol çünkü o başardı. Sen de elbet bir gün başaracaksın...

Gidenlerin seni bıraktığı yoldan kendine varamıyorsun.

Her Son Bir Başlangıç

Eğer sen de kendinde, düştüğün yerden kalkacak güç bulamıyorsan merak etme, o güç senin içinde, yeter ki istemeyi bil. Ne de olsa her son bir başlangıç demektir ve sen yeterince son görmedin mi hayatında? Dinlediğin her şarkıda, izlediğin her filmde, bir şeylerin illaki güzel bitmesi gerekmez, bazen sonlar kötü biter. Ama senin sonun kötü bitmeyecek çünkü ben sana her zaman olduğundan daha fazla inanıyorum.

Karanlıklar elbet bitecek ve elbet sen de bir kelebek gibi yeniden doğacaksın. Dünyaya güzel bakmak, güzel olanı görmek, gülümsemek senin elinde.

Karamsarlığa düştüğün zamanlar da olacak elbet, kim sonsuz şekilde inanır ki zaten kendine, bazen de kendimizi salmamız gerekir, bir şeyleri akışa bırakmak gerekir bir buluttan aşağı düşmekten korkmadan. Çünkü bazen kanatları olur insanın ve o kanatları sana bir insan verir. Düşmeden bilemezsin. Gün gelir, devran döner, bir gün o kanatlara ulaşırsın. Karşına çıktığı anda sen nerden çıktın karşıma dersin, bir yılbaşı sabahı gibi huzurlu, güzel ve sıcacık. Bütün bir kış soğuk da geçse, yıl başı sabahı herkesin yüreği sıcacık olur. Herkes umutlarıyla uyur, sabah yeni bir yıla başlar ve yepyeni hayalleri olur.

Sen de öyle yap olur mu? Her güne bir yılbaşı sabahı gibi uyanmayı dene ve hayal kur gecesinden, neler yapacağını, nereye gideceğini, ileride nasıl bir sevgilin olacağını, okulunu, işini, her şeyi yeni baştan tasarla. Koca bir kâinat var önünde kusursuz şekilde planlanmış ve sen de onun bir parçasısın. Burada yerin var. Burada seni bekleyen güzellikler var.

Plan yapmayı, kendine inanmayı, kendin için adımlar atmayı ihmal etme. Ne olmuş yani sevgilin seni bırakıp gittiyse, tek derdin bu olsun yeter ki. Hayatta herkesin bir üst modeli, herkesin bir üst insanlığı var. Hani derler ya el elden üstündür diye, aynen o şekilde olduğunu düşün. Gün gelecek seni dünyadaki her şey mutlu edecek. Bu zamana kadar birçok şeyi beklerdin, sabrettin. Oldu mu, olmadı mı bilmiyorum ama olanlara ve olabileceklere odaklanmanı isterim. Sabrettiğin şeyleri ve sonunda mutlu olacağın şeyleri düşün. Buna çok inanıyorum, her şeyin sonu bir gün güzel olacak ve en önemlisi de ne biliyor musun, hiç bitmeyecek o güzellikler. Sen gözlerini tatlı bir uykuya yatırana kadar bu tutunduğun şeyler bitmeyecek, sen ne zaman bitmesini istersen o zamana kadar.

Her son bir başlangıçtır, yeter ki güzel olacağına inan.
Gidenleri yollarına bırak, istedikleri yere gitsinler, istedikleri hayatı çizsinler kendilerine. Bırak kalsınlar tek başlarına ve bırak devam etsinler hayatlarına hiçbir şey olmamış gibi, sen hiç olmamışsın gibi. Sen elinden gelen her şeyi yaptın ve inan bana, bu hikâyenin kaybedeni sen olmayacaksın.
Sen devam et. Bırak arkanda kalsınlar. Sen inancını koru ve güzel günlere doğru adım at.
Ben seni yolun sonunda bekliyor olacağım.
Seni seviyorum unutma.

**Ben,
vedaların ardında gizlenmiş
o ürkek ama içten
"merhaba"yım.**

Sonsuzluk

Bazen sonları yazmayı sevmiyorum ama maalesef geldik bir dertleşmenin daha sonuna.

Umarım benimle ağlayıp, yeri gelince sen de çok küfretmişsindir, çünkü ben birçok şeyi yazarken hem üzüldüm, hem güldüm, hem sinirlendim. Şimdi ne yapmayı düşünüyorsun bilmiyorum ama ben senin iyi olmanı istiyorum. Hayat hepimize gerekli tokatları attı. Yeri geldi aldatıldık, yeri geldi üzüldük, yeri geldi kırıldık ama ayağa yeniden kalktık, öyle değil mi?

Gene aynısını yapalım olur mu bitanem? Çünkü bunu yürekten söylüyorum sana, yenilmek sana bana yakışan bir şey değil.

Kaybedebiliriz. Aşk böyle bir şey değil mi zaten? Kaybetmek pahasına bile karşı koyamadığın en güçlü duygu. Elbet bir gün birisi kaybediyor, ama biz yine de berabere devam eden o muhteşem ilişkiyi aramaya devam edeceğiz. Yoruldun farkındayım, ne yapacağını sen de bazen bilmiyorsun ve çaresiz kalıyorsun. Ama ben de öyleyim hayatım.

Ne yapalım yani, hayat bizi üzecek diye köşemize çekilip kendimizi korurken koca bir hayatı mı ıskalayalım?

Savaşmaya devam, inanmaya devam, yürümeye devam...

Ben bu kitapta seninle içimden geldiği gibi, en doğal halimle dertleştim. Kendi hayatımı, duygularımı, sevinçlerimi, öfkelerimi, umutlarımı yazdım. Yaşadıklarım, çaresizliklerim, dik duruşlarım mücadelelerim ve her şeye rağmen dik duruşlarımı yazdım. Eğer ki seni üzdüysem bir şekilde, senden çok özür dilerim, affet olur mu? Seninle paylaştığımda ikimiz de daha iyi hissederiz diye düşündüm çünkü. Benim için çok değerlisin, bunu bilmeni isterim.

Mesela neyi düşünüyorum biliyor musun, bir gün öldüğümde benim hakkımda ne düşünecek insanlar? Arkamdan ne konuşacaklar, çok merak ediyorum bunları.

Umarım sana ve herkese layık bir adam olmuşumdur, umarım kalbinizi hiç kırmamışımdır.

Çünkü bu hayatta hiçbirinizin üzülmesini istemiyorum, güzel yürekleriniz güzellikleri hak ediyor sadece.

Benim yaşadıklarımın hiçbirini siz yaşamayın, bunu tüm yüreğimle diliyorum.

Bir dahaki dertleşeceğimiz güne kadar kendine çok iyi bak olur mu?

Beni her zaman sevdiğin için...
Müziklerimi dinlediğin için...
Videolarımı izleyip paylaştığın için...
En önemlisi...
Beni kimsesiz bırakmadığın için sana çok teşekkür ederim...

Seni seven sırdaşın,
Sercan.